ちくま新書

騙すアメリカ　騙される日本

原田武夫
Harada Takeo

571

騙すアメリカ　騙される日本【目次】

はじめに

二〇〇五年四月六日早朝。南国特有の強い日差しが白いカーテン越しに差し込んでいる。波の音がふいに耳に飛び込んでくる。大きいクッションのような純白の枕に手を突き、寝起きのけだるさを残しながら、ゆっくりと立ち上がり、窓辺へと向かう。そして、まぶしさに心地よいめまいを覚えながら、夜と朝の間でただ一つの仕切りだった大きなカーテンを、ひと思いに両開きにする。――眼下に広がるのは、ただひたすら碧い海。

二〇〇五年三月末日。私は、十二年間勤務した外務省を自主退職した。退職前に、これから何をしていくべきか、たくさんのことを頭に思い浮かべたものだ。その時、「これは絶対に外せない」と思ったことがある。それがここ沖縄県中部にある、美しい名護湾の海岸にたたずむ日本屈指のリゾートホテル「ブセナテラス」をふたたび訪れることだった。

なぜ退職早々、「ブセナテラス」なのか。――今、東京・国立のオフィスにいる私の手元にやや黄ばみかけた青い小冊子がある。この小冊子の表紙には、ゴシック文字で大きくタイトルが書かれている。

「第二十六回主要国首脳会議　二〇〇〇年七月二十一日〜二十三日　万国津梁館　外務省」。

五年前の二〇〇〇年夏にここブセナテラスを舞台に開催された、「沖縄サミット」における日本政府代表団随員用参考資料集だ。私はこのサミットで、森総理大臣（当時）の独和通訳を務めた。今、こうしてパソコンに向かっている私の隣りの壁面には、その時の識別証として「通訳（INTERPRETER）」と書かれたレッドカードも飾られている。

二十一世紀の幕開けに行なわれた沖縄サミットは、名実共に「オキナワ」の威信をかけたイベントだった。初めての東京以外、しかも沖縄での開催を決定したのは、小渕恵三総理大臣（故人）。離島振興にとの政治的配慮が働いていたことは言うまでもない。私は当時、西欧諸国を担当する西欧第一課の課長補佐として勤務していた。沖縄の島々の村長たちがひっきりなしに私たちのオフィスにやってきては、西欧主要国の首脳たちに自分たちの「シマ」を訪れるよう陳情していたのを、昨日のことのように思い出す。

外務省を去ってからまずこの地を再訪したことには、そんな「古き良き時代」を思い出したいという気持ちがなかったといえば嘘になる。しかし、それだけではない。その後も外務省で働いていて、私は「沖縄サミット」こそが、現在まで日本の政治、経済、そして社会全体を覆い続ける、ある一つの絶えざる「流れ」を決定的に象徴していたことに、ある時気づいたのだ。そのことを確認し、「日本が解放されるための思考と行動」を磨き上げることが、この「流れ」に気づいてしまった私に与えられた「歴史的な使命」だと堅く誓うため、まずはブセナテラスを訪れたのである。

端的に言おう。

私たちが生きる戦後日本の「すべて」が、アメリカ合衆国（米国）の対日国家戦略の決定的な影響力の下にある。私たち日本人は、知らず知らずの間にその目に見えない「構造」の中で生まれ、生き、喜び、悲しみ、そして死んでいく。目に見えるもののすべてだけではなく、「目に見えない」もののすべても、かつての大戦から生き残った唯一の超大国であり、日本の「同盟国」でもある米国の息がかかっている。いや、もっと適切な言い方をすれば、「操作」されている。

「敗戦国として占領されたのだから、仕方ないではないか」。いきり立つものの、やがてはそんな無力感にあふれた嘆きの声を上げる読者もきっといることと思う。たしかにそうだ。人類が持つ長い歴史の中で、「勝者」は「敗者」を圧倒し、自らのルールを強要し、富を収奪してきた。「ただそれだけのこと」なのかもしれない。

しかし、外交官として冷戦後の日本外交の最前線に携わってきた者の一人としては、危惧の念が強まるばかりだ。一九八九年十一月に「ベルリンの壁」が崩壊してからというもの、「自由」の勝利どころか、かつての列強がマーケットを奪い合い、有形無形の力を競い合う、文字どおりの「帝国主義」へと世界は舞い戻った。そしてそこでは、勝者であり「自由」の庇護者であったはずの米国こそが、今度は掌《てのひら》を返し、「従者」であった国々へと密かに、そう「洗練された形」でその刃を向けているのである。哀れな従者として、肉を削ぎ取られ、それでも伝統の「微笑み」を絶やさない国。それが私たち＝ニッポンにほかならない。

「IT革命」の呼び声の下、こうした米国流の「洗練された帝国主義（sophisticated imperial-ism）」を日本が愚直なまでに受け入れる象徴的儀式となったのが、沖縄サミット（別名「ITサミット」）であった。その後、インターネットは爆発的に普及し、日本人一人ひとりが米国という巨大なサーバへ根こそぎ接続されていくこととなる。そして私たちは、表面的な便利さに惑わされる一方で、「IT」とは本当は米国が軍事戦略目的の道具として開発し、世界中に一定の意図を持って普及させたものだという最低限の「情報リテラシー」を教わることすらない。その結果、私たちは日々、大量の個人情報を、どこからでもアクセス可能なネットワークへと垂れ流し続けているのだ。

ブセナテラスにしばしの喧騒をもたらした沖縄サミットの約八カ月後、小泉内閣が成立した。平成バブル不況の中、「失われた十年」という言葉が流行し、圧倒的な閉塞感の中で突如として日本政治の先頭に立った小泉純一郎総理大臣は、次々と「改革」に着手した。「改革」に少しでも反論しようとする守旧派を「抵抗勢力」と一括し、前進するかのように見えた小泉総理大臣を国民は圧倒的に支持し、その一方で「抵抗勢力」を口々に罵倒した。

だが、その「小泉改革」が始まってから約四年半が経過した今、私たち＝ニッポンはどうなったのだろうか。——そこには、およそ「大満足」とはいえない厳しい現状が続いていることは、誰も否定できないだろう。道路、年金、郵政など、小泉総理が主張する「改革」は疑問符と不満足感なしには語れない。だが、そうした「不満足」な状態を目の当たりにすると、不思議なことに、日本人はすぐに「内ゲバ」、すなわち日本人同士で「お前が悪い」「いやお前こそ悪い」と責任の押し付け合いを始めてしまうのだから不思議だ。そして、問題の根本的な解決からはますます遠のき、やがて真相は闇の中へと消えていく。

私に言わせれば、「改革」が思ったように実らないのは、そもそも日本のための「改革」ではないからだ。もちろん、小泉総理をはじめとする当事者たちは、真剣にそれが「改革」だと思い込み、推進しようとする。だがそのことは、中世ヨーロッパで重病人の治療と称して、その体から大量の血液を抜き取るのが唯一の治療法だと信じ込まれていたことによく似ている。

平成バブル不況という「大病」に罹《かか》らされた日本は、もはや絶対的存在となった「名医＝米国」の手によって、「唯一の治療法」である瀉血《しゃけつ》ばかりを施され、これこそが唯一の「治療」＝「改革」と信じ込んでいる。ＩＴ革命であれ、会計基準の「国際標準化」であれ、特殊法人の「改革」であれ、それらのすべてが、実は唯一の「名医＝米国」のためにこそ行なわれる対症療法であるにもかかわらず、である。そこには、本来の患者＝日本に対する哀れみの情などまったくない。

あらかじめお断りしておきたいが、私は米国留学組という意味での「アメリカン・スクール」の一員として、外務省の中で育てられてきた者ではない。また、いわゆる「日米経済交渉」の最前線に立ったこともない。

だが、そもそも一九九三年に入省した時の志望理由は、「日米貿易戦争」のフロントに立って戦いたいという強い思いだった。ところが、その「戦争」はしばらくすると、不思議なことに跡形もなく消え去り、あとは「日米同盟ますます重要」とのお題目だけを首脳レベルですらくり返す日米関係だけが、抜け殻のように残ってきた。これを不思議といわずに何といおうか。「アメリカン・スクール」ではなかったからこそ、外務省においても目を曇らされることがなかったと自負している私は、あらためてそう思う。――外務省を辞した今、ふたたび入省直前の私自身の日本外交への思いの「原点」へと、ここであえて立ち戻ることにしよう。そして、「経済再生」のお祭り騒ぎの陰で、すっかり完成し、後戻りができないところまで来てしまった「日本から米国へと向かう富の移転」の見えないパイプを突き止め、それが、いったい誰の手によって、いつ、どうやって作られたのかを明らかにしていきたいと思う。

エメラルドブルーのブセナの海を見て、この春、私は固く誓った。――「五年」の月日の中で、この海が変わらず美しく、本当によかった。しかし、この美しさが引き続き、私たち＝ニッポンの美しさであり続けるよう、今こそまた一つ、真実を世に問わなければならない、と。

第一章

米国の国家戦略と日本の「知識人」

外務省に勤務していた時、「米国は共和党政権の時は御しやすいが、民主党政権になると何しだすか分からないぞ」という警告じみた「噂」をしばしば耳にした。日米関係の中で、どちらかというとポジティブなイメージを残してきた人物が共和党人脈の中に多いことは事実である。親日的発言と巨漢ぶりで日本でもすっかり有名になったアーミテージ前国務副長官は、その好例だ。

これに対し民主党関連の面々はというと、どうも日本のメディアにおける印象が悪い。これは民主党が伝統的に、弱者保護の一環として労働者の権利保護を謳ってきていることによるのかもしれない。とりわけ九〇年代前半のクリントン政権が、「米国において労働者の生活が圧迫されているのは、輸出攻勢をかけている日本のせいだ」と名指しで日本を非難したことは記憶に新しい。メディアの世界でそういった「プロトタイプ」の印象が根強いせいだろうか、先の大統領選挙（二〇〇四年）の際、「民主党のケリー候補はまさか当選しないだろう」と、外務省の中で「希望的観測」が広まっていたことを思い出す。

†「奥の院」と国家戦略

しかし、米国の中にある「党派的色彩」が、国家戦略の一部としての対日政策にもそのまま反映するのかというと、はなはだ疑問と言わざるをえない。もちろん、私たち日本人の目の前では「親日的共和党」、あるいは「日本とは距離感のある民主党」と演じられてはいるものの、実際のところそういった党派的色彩は「演出」にほかならず、その舞台裏には、「奥の院」として厳然たる一つの「国家意思」があることを見落としてはならない。

米国はベトナム戦争を除けば、一度たりとも戦争に負けたことはないという、現代史の中でも異例な軍事覇権国家である。「ほぼ不敗」という現実、さらにはそのことに基づく「不敗神話」は、その国における現実の国内政治の中で大きな影響を及ぼすものだ。このことはたとえば日本について、日露戦争直後の内政状況を考えてみればよく理解できるだろう。常勝神話の中で、軍部の政治的権力は決定的なものとなっていき、制度上は「統帥権」という「神話」に守られながら、軍部はほぼフリーハンドで約四十年間にわたり日本の政治を左右し続けた。

たしかに、米国における三軍（陸軍、海軍、空軍）の最高指揮権は大統領にある。その意味で、大統領という党派的存在から軍に対し、「党派的色彩」が流れ込む余地は十分にある。だが逆にいうと、「常勝軍」である米軍が米国内に対して持つ、政治的象徴としての意味合いはあまりにも大きい。とりわけ大統領選挙になると、米軍は巨大な政治勢力と化す。このことはほとんど日本では報道されることがない。しかし私自身は、先の大統領選挙の前に、米陸軍勢力があえて民主党寄りのポーズを見せることでブッシュ陣営に揺さぶりをかけているという話を、独自の情報ルートでしばしば耳にしたことがある。
「党派的色彩」があるということは、言い方を変えると、国内に「見解の違い」があるということでもある。このことは「アメリカン・デモクラシー」、すなわち民主主義のアメリカだからこそ当然の現象だといえそうではある。だが、「党派性の権化」である大統領に、形式上は「最高指揮権」を握られつつも、実際にはその大統領に対して逆向きの影響力を容赦なく行使している。米軍は大統領すら恐れぬ、非民主的な「奥の院」の典型なのである。

このような非民主的な「奥の院」が米国にはさらに二つある。その一つが「情報機関」である。日本で最も有名なCIA（中央情報局）は、米国政府が持つ「情報機関」の氷山の一角にすぎない。実は米国にはそれ以外にも、とりわけ米軍傘下に無数の「情報機関」が存在しており、それらが総体として「インテリジェンス・コミュニティー」を形成しているのである。

たしかにCIAは日本のメディアでもしばしば話題となるような「証言」を上院外交委員会で行なったりするので、一見したところオープンな存在のようではある。また、元CIA職員と称する人物が暴露本（たとえばロバート・ベア『CIAは何をしていた？』佐々田雅子訳、新潮社）を公表しては、CIAがいかにお粗末なものかを露呈させたりすることもある。あたかも米国という巨大な「デモクラシー」のお手本の中で、「情報機関」はしっかりと民主的ルールに則って運営されているかのような感じがしないでもない。

しかし、そうした茶番をしばしば演じるＣＩＡは、実際のところ、「奥の院」となっている米国の「情報機関」の本丸ではない。むしろ、非公式あるいは形式上は軍部に属するエージェントが、さまざまな他の国家情報機関に入り乱れて配置され、網の目のような監視体制を国内外で敷いているというのが実態である。当然、そんな「奥の院」に「民主的ルール」などというものが及ぶはずもない。その結果、「奥の院」としての米国の情報機関は、国内における「党派的色彩」という演出とはまったく無縁の存在となっているのである。

さらにもう一つ、米国の「奥の院」として無視できない、いや、そもそも「奥の院」の総本山として無視できない存在がある。それは、いわゆる「パワー・エリート」という閉鎖的な集団の存在である。ここでいう「パワー・エリート」とは、米国社会学の不朽の名作であるＣ・Ｗ・ミルズの『パワー・エリート（上・下）』（鵜飼信成訳、東京大学出版会）を指すと考えていただきたい。

ミルズはパワー・エリートを「権力と富と名声の効果的な諸手段が集中されている社会構造の戦略的指揮中枢を占拠」している者たちのことを指すと定義した。そしてこのパワー・エリートからすれば、ふだん、私たちがテレビで見慣れている経営者（ＣＥＯ）たち、あるいは芸能人（セレブリティ）たちは所詮、コマの一つにすぎない。たしかにこうした「コマ」自身も莫大なカネを持ち、優雅な生活を送ってはいる。しかし、彼らにはなくて、パワー・エリートが持っているものが一つだけあるのだ。それは「血縁」である。

パワー・エリートは決して世間の表舞台には出てこない。しかし、ミルズはその存在を指摘し、世に問うた。こうしたミルズの試みが、パワー・エリート側からのすさまじい攻撃に遭ったことは想像に難くない。そのせいか、この単語は少なくとも日本の「知識人」の間では、もはや「死語」に近い扱いを受けている。今、その存在をあからさまに云々しようとする者は、すくなくとも日本には見当たらない。

こうした米国の「奥の院」である三つの要素、つまり表面上の民主的ルールとはまったく合致しない三つの構成要素が、米国社会の中で一つのネットワークを織り成しているのだといったら、読者はどう思われるだろうか。軍隊という「物理的強制力」と、情報機関という「情報力」、そして移民国家・米国には稀な血筋という「閉鎖的ネットワーク力」を併せ持った集団が存在することを、外交官としての職務を全《まっと》うする中で、私は偶然知るに及んだ。そこで得た知見をもって、彼らが嘲笑する日本外交と現代日本社会の愚鈍さ、しかしそれでもなお日本人が持っている可能性について述べたのが拙著『北朝鮮外交の真実』（筑摩書房）だった。

当然、こうした「真実」の突然の登場に、パワー・エリートたちはどよめいた。彼らとて、野営地で休憩している時に、闇夜に紛れて下山してきては機銃掃射をくり返すパルチザンのような存在には脆弱なのだ。外務省を辞め、一介の精神的パルチザンとして活動を展開する私に対しては、今でも猛攻が続いている。彼らは決して、二度とベトナム戦争の屈辱をくり返したくはないのだ。

米国は名実ともに「民主的」な政体を持ち、社会の中で異なる意見が相互に牽制し合って、より「真実」と「正義」へと近づいていく政治プロセスを持っているのでは「ない」ということになると、どうなるか。——まずは、この章の冒頭で述べたような「共和党だから親日的」「民主党は日本に好意を抱いていない」という、分かりやすい、しかし紛い物（フェイク）の「二項対立」論はもはや意味をなさなくなる。

こう考えた時、私たちの頭をよぎるのは、さまざまな党派的勢力の陰で、唯一絶対の「奥の院」が、ある一貫した発想をもって対日政策を展開してきているのではないかという「不安」である。このことを思いついた瞬間、「日米同盟」という「専門用語」としては熟しすぎるほど熟した単語も、瞬く間に無意味なものへと変わる。なぜならこの使い古された言葉も、「奥の院」からすれば所詮、日本人を騙すためのツールあるいはプロパガンダの一つにすぎないからだ。

そこで気になるのが、米国の「奥の院」は日本に対し、いったい何を求め、日本人から何を取ろうとしているのかということである。私は前著の中で一般論として、「現代国家に求められるのは、まず第一に「国としての富＝国富」を増やすことである」と述べた。これは、現代では唯一の覇権国家である米国、そしてその「奥の院」の思考回路から盗み取ったものである。

それを大前提としつつ、「外交」に求められる発想と論理を、次の六段階のモデルとして提示した。

（1）地理的・時間的に研ぎ澄まされた現状認識を持つ
（2）狙った相手国へ、自国に有利な投資条件の整備を飲み込ませ、混乱させる
（3）混乱によって生じた安値の間に先行投資を行なう
（4）必要があれば、軍事力を背景とした工作も展開する
（5）狭義の「外交」によって表面を取り繕《つくろ》う
（6）絶好のタイミングであらかじめ仕込んでおいた先行投資を回収する

このフォーマットに従って、米国のエスタブリッシュメントを構成する軍・政・官・財・学のそれぞれが密接不可分に連携しながら、世界中で富を見つけては、それを米国本土へとトランスファー（移転）するのだ。その際、表面的には合理的な議論を展開し（「日本の間接金融は本当の資本主義ではない」、「アジア金融危機は閥族支配による旧態依然とした体制が原因だ」など）、

相手国のメディアをも買収し、動員する。硬軟使い分けた巧みなパブリック・ディプロマシーを展開する中、相手国の国民が自ら「納得」した形で事を進めようとするのである。

私が米国の「奥の院」より盗み取ったこうした「外交」モデル、あるいは「政経合体戦略」に対し、日本人の読者の方々の中でも、とりわけマーケットの最前線で日々活躍されている方々から、「まさにそのとおりだ」という賛同の声を多数いただいた。それはそうだろう。なぜなら、彼らこそ、こうした米国の「奥の院」の配下にある実働部隊として、ジパングという愚鈍だが豊かなマーケットから、掃除機で獲物を吸い取るように集金している人物たちなのだから。だが、「こうした日々の先に、何かをしなくてはならないと思うのです」という苦悶の声も、彼らの口から聞こえてくる。日本もまだ捨てたものではないのだ。

†日本の「知識人」の対応

米国の「奥の院」は、とくに冷戦構造の崩壊後、密《ひそ》やかにその矛先を「同盟国」である日本に対して向けてきている。けれども、彼らが着々と展開してきた「対日国家戦略」の存在に、日本の多くの「知識人」たちも気づかなかったわけではない。実は彼ら・彼女らは鋭敏な嗅覚と分析力をもって、私が「奥の院」から聞き及んだものとまったく同じ仕組みに、すでに気づいている。

問題は、そうやって目覚めた日本の「知識人」たちが、それについて率直に述べることを、あたかも何かに怯《おび》えるように避け続けていることにある。彼ら・彼女らは、自分たちよりも「情報リテラシー」を育む機会に恵まれなかったかもしれない他の日本人たちに、ストレートに「真実」を伝えようとはしないのである。その代わりに、彼ら・彼女らは次の四つのパターンに沿った発言をこれまでくり返してきた。

その第一のパターンが「同一化」である。これは、米国の対日国家戦略が、表面的な言説(パロール)とは裏腹にきわめて意図的であり、経済的な損得計算からいうと日本が大幅なマイナスに見舞われるかもしれないことを予見しつつも、あえてそれをいわない態度のことを指す。「知識人」たちは、米国が日本へ向けて流すメッセージに込められた趣旨を積極的に「咀《そ》嚼《しゃく》」し、同時にその真意が聴衆には理解されないよう、日本にとっての「利点」をあえて強調することで、自己のポジションと米国とを「同一化」させる。例としては次のようなものがある。

「欧米の競争システムを見ていると、連邦制であることが幸いしているケースが多いことに気づく。たとえば、アメリカでは、かつてデラウエア州の商法が企業に有利であることから、多くの企業が本社をデラウエア州に置いた。その後、コーポレートガバナンスの必要性が叫ばれると、株主重視の商法をもつカリフォルニア州に本社を移す企業が増えた。つまり、各州が商法の違いを鮮明にして競争し、それに企業が対応しているうちに、連邦の商法が最適なものに収斂していったのである。（中略）先進国で人口が一億二〇〇〇万人もいて、なおかつ中央集権的体制をとっているのは日本だけである。」

（竹中平蔵監修・手嶋彩子編『デジタルエコノミー2001 日本とアメリカ』FIF叢書1 フジタ未来経営研究所）

連邦制については経済的合理性だけではなく、歴史的必然性というカネには換算できない要素があるということを、この筆者は忘れてしまっているかのようである。同じ筆者の「同一化」は、日本人の精神論に及ぶとさらに先鋭なものとなる。

「バブル崩壊後、日本の企業（あるいは日本のサラリーマン）は、こうしたがむしゃらさを失ってしまっている。もちろん、デジタル革命は、日本的な「習熟システム」だけでは太刀打ちできない「独創性とアイデア」勝負の世界である。しかし、だからといって、技術の吸収さえあきらめてしまう必要はないだろう。（中略）

要するに、デジタルデバイドを心配する声の背景に、ITを使って始まるこれからの競争に参加したくないという「志」の低さがあるのではないかということである。新たな競争に負けた場合の悲劇を予想して、競争そのものの存在を認めようとしない態度、あるいは、せめて自分が退職するまでは現状のままであってほしいという気持ちが隠されているのではな

いかということである。」（前掲書）

こうした言葉が、結果としていかに欺瞞に満ちたものであったかは、本書の第四章で述べる「IT革命」の実態を見れば即座に理解していただけるであろう。私たちはこうした「同一化」の達人を、現役閣僚として内閣に戴《いただ》いてきたのである。

次世代を担うはずの若き論客の中にも、「同一化」の波はすでに押し寄せている。

「「米国の力による民主化など不可能だ」などと論じる人は多いが、どれだけ中東政治の現実を見て言っているのだろうか。民主主義は選挙による公職の選出という手続きに過ぎない。これに関しては中東諸国でも異論はなく、制度としては既にあった。

ただ、その運用面では公正や中立、政治的権利や自由が確保されず、独裁者や占領者が民主主義を隠れみのに過酷な支配を行ってきた。現在、中東各地で起こっているのは、米国の圧力を利用し政治支配者による暴力的威圧や不公正な制度などの障壁を撤廃させ、有権者へのアカウンタビリティー（説明責任）をはっきりさせる動きである。」

（池内恵「米国の圧力を民主化に活用」日経ビジネス二〇〇五年四月十八日号）

この筆者は、「それでは米国の「暴力」は暴力ではなく、その「公正」はつねに公正なのか」という重大な疑問にはあえてふれていない。そのことを論ぜず、米国の言動の正しさを当然の「前提」とした上で、米国以外の国や地域についての異質性や劣後さを説くというのも、「同一化」した日本の「知識人」がつむぐ典型的なメッセージである。

　これらの例ですでに明らかなとおり、「同一化」に基づくメッセージには、つねに大きな疑問符が付きまとう。しかも、こうした日本の「知識人」たちが「同一化」した先は米国という強烈なリアリティーである。このことを基準として議論する以上、他のすべては「異質なもの、特異なものである」と否定的評価を受けることとなる。そしてやがては、「同一化」した知識人の言論への「反論」自体が、米国という圧倒的な「現実」を目の前にして、「もはや論じたり、検証するには値しないもの」として捨て去られていくのである。


「同一化」に続き、第二のパターンとして紹介したいのが「猜疑」である。この場合、日本の「知識人」は明らかに、米国の「奥の院」から発された対日国家戦略と戦術的な展開に気づいている。だが、そこから先を「検証」するための手段を持たないがゆえに、あくまでも「猜疑」を言及するにとどまるのだ。

「結論を先取りすると、一九九〇～九四年の早い時期におけるマスメディア情報には、その後の不良債権問題の深刻さを示唆するものが数多く存在する（中略）。しかし、実際にはそうした見方を真っ向から否定する行政当局発のデータおよびそれをベースとする情報もまた数多くあり、一般国民には情報洪水の中で何が真実で実態なのかまったくわからない状況にあったといえよう。

（中略）ここでの特徴は、第一に海外マスメディアや外国人からの警鐘が目立つこと（中略）。

まず、なぜ、海外・外国人からの警鐘が目立つのか？　日本のマスメディアのスタンスはどうだったのか？　別言すると、海外からの警鐘を国内マスメディアが黙殺ないし真剣に追及し続けなかったということはないか？」

（杉田茂之「バブル崩壊局面における政策ラグとその発生構造」
〔村松岐夫編著『平成バブル先送りの研究』東洋経済新報社〕）

しかし、「猜疑」はあくまでも猜疑にとどまり、確証にはならない。また、発言者である「知識人」自身が最後に疑問符をつけている以上、そのメッセージを読んだ読者は、さらに大きな疑問符をつけるにとどまってしまう。そして「猜疑」のメッセージも類型化すると、いわば「お決まり」の発言となり、言説の一つのパターンとして陳腐化し、やがて忘れ去られていく。

日本の「知識人」が見せる第三の反応のパターンが「反発」である。ここでは、真正面から米国の意図するものに対する「反発」が表明される。その度合いは合理的な議論を超え、精神論的な色彩すら帯びてくることとすらある。

「今日の日米間の経済関係を眺めてつくづくそう感じます。アメリカの意に沿わない日本を一方的に叩きつぶそうとする戦略は一向に変わっていないし、それに対して打つ手も持たずに茫然としている姿、ある人はへつらい、ある人は無関心をよそおい、ある人は殻に閉じこもる、そういう日本人の姿もほとんど変わってはいない。だから私は今の日本は纏足をされた姿と同じだと言うのです。

私が議員を辞める時に、日本は男の格好をしているけれど男の機能を切り取られた宦官《かんがん》みたいな国になった、その責任は国民にもあるけれど政治家にもある、として、私はその責任をとって辞めた。それをくい止めるに無為だったことで辞めました。あれからまだ三年なのに、状況はますます悪くなり今や日本は宦官どころか纏足された妾です。」

（石原慎太郎・一橋総合研究所『宣戦布告「NO」と言える日本経済』光文社）

しかし、この「反発」が感情的になり、国民的な関心を呼べば呼ぶほど議論としては単純化され、幼稚化し、およそ政策論にはなじまない代物となっていく。また、そういった精神論的色彩を帯びた議論とはあからさまに距離を置く日本の政策当局との間で、今度は内ゲバとでもいえる感情的な衝突が生じる（「だから官僚は冷たくて頼りにならないのだ」、「感情論だけでは政策は動かない」）。やがて本来の「敵」が誰であったのかが分からないまま、メディアによる言論の渦の中へと消えていく。

もっとも、そうした感情化の波への誘惑を一定限度にとどめつつ、一貫した論理的整合性をもって米国の「奥の院」の真意を白日の下に暴《あば》き、その不道徳性を糾弾する日本の「知識人」がいないことはない。彼らの述べる言論が、ここでの第四の類型となる「陰謀論」である。

「一九九八年の外為法の大改正＝「金融自由化」＝「金融ビッグバン」というのは、アメリカの政府とニューヨークの金融財閥たちによる、日本の金融乗っ取り策であった。これにまんまと陥《おとし》れられ、騙されたのである。あの策略に日本の政・官・財の指導者層がまんまと陥れられたので、私たち日本国民が、生活不安やリストラ（失業）という塗炭《とたん》の苦しみを味わわされているのだ。現在の金融不況に苦しむ事態が出現したのである。

今こそ私たちは、「金融鎖国」の策に出るべく、国論の統一を築かなければならない。」

（副島隆彦『金融鎖国——日本経済防衛論』祥伝社）

しかし、こうした「陰謀論」が文字どおりの「陰謀論」として、言論の隅の方へと追いやられてしまうのが、日本における現実でもある。「検証」できない事実について頑《かたく》なに主張するものの、第三のパターン「反発」とは異なり、表面的には論理的整合性を意識した主張であるために、かえって「胡散臭《うさんくさ》さ」を指摘する者すら出る始末だ。

実際には、そうした「排除の動き」自体が、米国によるパブリック・ディプロマシー（対日世論工作）の戦術そのものであるにもかかわらず、世論はそれに気づかないまま事態は推移する。やがて「陰謀論」も「お決まり」の出来事となり、陳腐化し、世俗化し、消費されて消え去っていく。

日本の「知識人」たちは、米国の「奥の院」による対日国家戦略に気づいていながらも、広く日本人一般に対して自らの覚醒した認識を伝達できず、結果的に以上の四つのパターンへとはまり、自らも歴史の彼方に消え去ってきた。そこには例外なく一つの「コード」（発言規則）が目に見えない形で存在し、それを頑ななまでに守ろうとする見えない意思が存在している。

もちろん、「知識人」たちが「お決まり」のルートをたどらざるをえないのは、米国の「奥の院」が策定し、実現していく国家戦略があまりにも輝くものであり、傷一つないかのような体裁がとられていることにもよるだろう。たとえば、竹中平蔵氏を代理人として流布された「IT革命」の議論であっても、「便利さ」「スピード」「手軽さ」「一定の経済的合理性」という側面から見ると、ITを日本社会に普及させたことには「意味」があったように思える。

だが、くり返しになるが、問題はIT革命に秘められた本来の「戦略的意図」はそのことによっても消え去りはしないということなのである。完璧なまでに理論武装された「対日国家戦略」に盛り込まれた米国のさまざまな対日要求事項は、やがて日本での「常識」（「日本は時代遅れだ」、「進んでいる米国の技術・提案を取り入れなければ乗り遅れる」など）となり、もはや誰が発信したのかすら分からないほど根付いてしまうのである。

しかも多くの場合、目覚めた「知識人」であっても、そこで抱く米国への疑いについて「検証手段」を持たない。あるいは、仮に持っていたとしても米国が織り成すインナーサークルに完全にネットワーキングされてしまっているので、もはやそれを離れた自由な言動は許されなくなっている。「検証」できない以上、読者たちは興味本位で寄っては来ても、最後は飽きて去ってしまう。だからこそ、自らが言論人として忘れ去られることを恐れる「知識人」たちは、最初から「不戦敗」を覚悟で、この四つの「無難」なパターンへと自らはまっていくのである。

†「利益確定」の論理

それでは、本書における私のポジションはどうなのか？――私自身は「奥の院」の一員とのインターフェースによって、その存在と意図、そしてその実際の活動についてまざまざと認識すべき立場にある。だが、そのこと自体をここで書いてしまうと、日本でも限られた「奥の院」へのアクセスの道が閉ざされてしまうことになる。それは、短期的には興味深いことかもしれないが、中長期的にはオール・ジャパンにとって大きな被害を与える行為ともなる。ましてや、そうやって開いたルートを私に自ら閉ざさせること自体が、「奥の院」の対日国家戦略の一つの戦術かもしれないのだ。そうした策略にやすやすと乗るわけにはいかない。

そこで私は、「相当程度の合理性」を浮かび上がらせる手立てとして、マーケットの世界ではきわめて基礎的であり、決定的な「ある事実」に着目し、それを絶えず確認することをもって、米国の対日国家戦略がいかにして日本へと着実かつ効果的に浸透していったのかを確かめることにした。それは何か。

株の動きにたとえれば、投資家（＝受益者）は利益を「確定」する瞬間がいつかはあるものであり、そのほんのわずかな瞬間に、その投資家（＝受益者）は自らの顔を表の世界に見せることになる。すなわち、個人の金融資産が実に一四〇〇兆円を数えるこの黄金の国＝ジパングにある「富」を、洗練された手段によって移転（トランスファー）することが米国の「奥の院」の目標である以上、ある段階では利益を確定しているという事実が必ずあるはずなのである。それはちょうど、機関投資家がヒューマン・インテリジェンスを使って操作してきた株式相場であっても、強烈な売買で利益を上げる時には、「売買高」という数字は大きく変動し、その足跡が残されてしまうことによく似ている。

もっと平たく言うと、次のようなことになる。それぞれの時点で米国の「奥の院」はさまざまな手段を使って日本に対する浸透工作を行なう。その結果、日本人自身がその方向へと「納得ずくめ」で動き、それが「改革」と称される時、それによって最後に誰が得をしているのかという点を具体的に突き止めればよいのである。そうすると、そこで得をした人物、集団、国家こそが、哀れな日本へと仕掛けを行なったそもそもの張本人なのではないかという推定が当然働いてくる。

この作業により、いつも同じ者たちが「得」をしているという事実が積み重なっていく時、彼らの戦略によって「利益が確定された」のだと断定せざるをえない。これは「猜疑」にとどまるという中途半端な行為でも、感情的な「反発」でもない。あるいは逆向きに「同一化」しているわけでもなく、ましてや何らかの偏見にとらわれた「陰謀論」でもない。それは会計帳簿でいえば、増えた「貸方」は誰なのかを見定めるという、単純な確認作業でしかないのだ。

現代日本にとって必要なのは、まずは米国の「奥の院」によって巧妙につくられた「構造」を可視化することである。そうではなく何らかの予断をもって特定の政策論を展開し、あるいは偏見にとらわれて感情的になるあまり「事実」を見落とすのでは、本末転倒になってしまう。

私は本書で採用するこうした検証手段を、「利益確定の論理」と呼ぶこととしたい。次章より、この検証手段を用いながら、序奏であった九〇年代前半の「日米貿易戦争末期」から九〇年代後半の「アジア金融危機」、そして日本の低落と「小泉改革」へと連なる流れを追っていく。そうすることで徐々に米国の「奥の院」の強固な意思と、明確な対日国家戦略とが暗闇の中からくっきりと浮かび上がってくることであろう。

第二章

消えた「日米貿易戦争」

†「日米貿易戦争」はなぜ消えたのか

世界史の悠久な流れの中においては、ある時期まで栄えていた国家が非常に些細《ささい》なことから滅亡へと転落していくことがしばしばある。たとえば、シルクロードの最西端に位置し、三世紀頃まで東西をつなぐ通商都市として栄華を極めた都市国家パルミラ（現シリア中央部に位置）がその一つの例である。広大な砂漠の中に石碑や石柱が乱立する遺跡としてだけ栄華の名残《なごり》をとどめる都市国家・パルミラには、当時、たくさんの神々が祭られていた。隊商としてやってきた異民族たちに心の安寧を与えるためなのだという。そのことだけでも、パルミラが今を遡《さかのぼ》ること約二千年前にどれほど豊かな国家であり、栄華を極めていたのかが偲《しの》ばれる。

ところがそんなパルミラも、独立を恐れたローマ皇帝アウレリアヌスによる攻撃を受け、あっけなく陥落する。あとには、砂漠のオアシスの中に廃墟だけが残された。パルミラはあまりにも豊かすぎたのだ。

今、私たちが暮らす日本は、そんなパルミラと同じような運命をたどる一歩手前にある。経済的な栄華から転落へと向かう一筋の道。異民族に寛容にすることをもって、豊かさゆえに彼らから反発を買うというリスクを用意周到にヘッジしていたパルミラに住む民たちは、自分たちが刻む歴史の一つ一つの「時」が、やがて滅亡へと至るとは夢にも思わなかったことであろう。そんな他国との関係におけるリスク・ヘッジといった用意周到な「戦術」はおよそ思いつかないのが、私たち＝日本人である。ある日、ふり返ったら「あの時が転落への転換点だったのだ」と気づいてももう遅いという日が、そう遠くはないのかもしれない。

そんな「転落への道のり」を少しでも食い止めるには、何よりもまず日本自身が過去、とりわけ「直近の過去」について真剣に思い起こすことが大切なのであろう。そこで何があったのか。またそこで何を考え、いかに「行動した」のか、あるいは「行動しなかった」のかについて、あらためてはっきりと思い出さなければならない。明日への「反省」は、すべてここから始まる。

ふだんは「健忘症」気味の日本に対し、あえてこうやって覚醒を促す時、私がまず気になって仕方がないのが、八〇年代後半から九〇年代前半にかけて日本中が熱狂し、米国に対して怒った「日米貿易摩擦」という現象である。一九九三年に外務省に入省した私にとっても、入省にあたっての志望動機の一つが、「日米貿易交渉」のテーブルに日本側の「戦士」の一人として座りたいということだったのを、今でも鮮明に思い出す。

「日米貿易摩擦」問題に対するこうした独特の「思い」は、私と同じ団塊ジュニア世代にとって、それほど特異なものではないようだ。たとえば私とほぼ同世代に属し、早々と東大法学部助教授の職を得た谷口将紀氏の助手論文のタイトルは「日本の対米貿易交渉」（助手論文としての原本の提出は一九九六年。後に東大出版会より刊行）である。グローバリゼーションの影響や改革政治などと題材には事欠かない「現代日本政治論」というカテゴリーの中で、世代を今後代表していくであろう俊英が、研究の道のりの始まりにこのテーマをあえて選んだということは印象的だ。九〇年代半ばまで、この問題は「大問題」だったのである。

ところが、あれほど華々しく報じられ、論じられた「日米貿易摩擦」（別名「日米貿易戦争」）という「現象」は不思議なことに、現代を生きる私たち日本人の記憶からほとんど消え去ってしまってはいないだろうか。最近、日米経済関係を唯一「沸かせた」事例として、「狂牛病」を契機に一瞬盛り上がった米国からの牛肉輸入制限についても、そもそも牛の「疾病」という異常な事態を背景として発生した、偶発的事態にすぎないというのが一般的な認識だろう。「戦争」などという用語が、現在の日米経済関係について用いられることはまったくない。

こうした現状認識は、日本の外務省内における関連部局の体制にも如実に表れている。現在、日米経済関係を担当する部局（具体的には北米局北米第二課）には、かつての「貿易戦争」の頃とは比べられないくらい「余裕」がある。もちろんルーティン・ワークがないわけではないし、「狂牛病」の一件もあるにはあるのだが、それでも外務省記者クラブ（霞クラブ）所属の記者たちが日夜、経済局長あるいは北米二課長を追いかけ回すなどという、十年余り前なら日常茶飯事だった光景は、もはや過去のものとなっている。

もっとも現状は、役人の目からみれば、「やれやれ」というのが本音のところだろう。紛争がなく、懸案がなければ、それにこしたことはない。よほどの目立ちたがり屋でない限りは、ルーティン・ワークをこなす安泰な日々が続くことをもって良しとするのが「役人の習性」だからである。

しかし私には、日米経済関係をめぐる「静けさ」が異様に思えて仕方がないのである。専門家だけではなく、ふつうの庶民のレベルにおいてまで「米国による一方的な対日要求」に怒り、それに関する多くの書籍が本屋の店頭を飾っていたのが、たかだか十年余り前の日本における実情なのである。ところが現在の日本においては、そうした過去の光景は跡形もない。いわんや「日米貿易戦争が忽然と消えたこと」に関する考察すら見当たらない。

つい最近の「過去」が、私たち日本人の意識の中で人知れず溶解していっているという現実。――ここに、かつてパルミラの民が陥ったような巨大な歴史の渦へと落ちていく油断は、本当にないのだろうか。

そうした「素朴な疑問」を、これまで日米関係に深く携わってきた政府関係者に思い切ってぶつけてみた。すると「よくある質問だから答えは簡単だ」とばかりに、スラスラと次のような「回答」が返ってきた。

（1）一九九〇年代前半まで日米経済関係の中で騒がれてきた「貿易摩擦」は、「貿易」、すなわち「モノ」の世界の出入りの量について、日米間で比較するものだった。しかし九〇年代の半ば以降、国際経済の中における関心の的は「モノ」から「カネ」、すなわち「投資」や「金融」へとシフトする。それに従って日米間の経常収支自体への関心が弱まり、「貿易戦争」は事実上、終結へ向かっていった。

実際、米国は日本にとって最大の「直接投資先」であり、同時に最大の「対日直接投資国」となっている。二〇〇三年について見ると、米国の対外直接投資残高のうち対日投資はわずか四・一パーセント（七三四億ドル）であり、「対日投資の促進」こそが喫緊《きっきん》の課題である。

（2）そうはいっても、「モノ」自体が国際経済の中で持つ意味合いを失ったわけではない。問題は、「モノ」という観点、すなわち貿易の面では、九〇年代に入って、相対的に中国が日本をはるかにしのぐ規模を持つようになったという点にある。現在、米国およびEUが中国との間で、とりわけ繊維製品をめぐって激しい貿易摩擦を抱えているのに比べると、日本からの輸出の持つ意味合いが米国内で下がったことは否めない。

米国の商品貿易赤字における日本の割合は、九〇年代を通じ一貫して低下の一途をたどり、二〇〇五年初旬（一～二月期）には一一・八パーセントまでになっている。これに対し、中国

米国の対外直接投資地域別残高
(2003年)

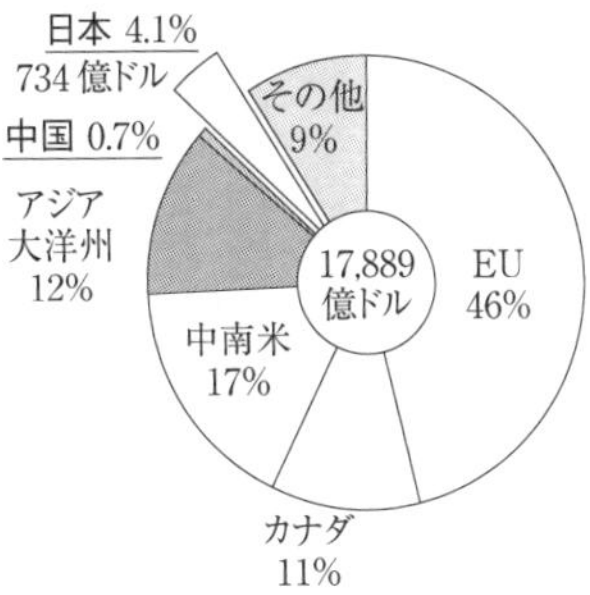

日本の対外直接投資地域別残高
(2003年)

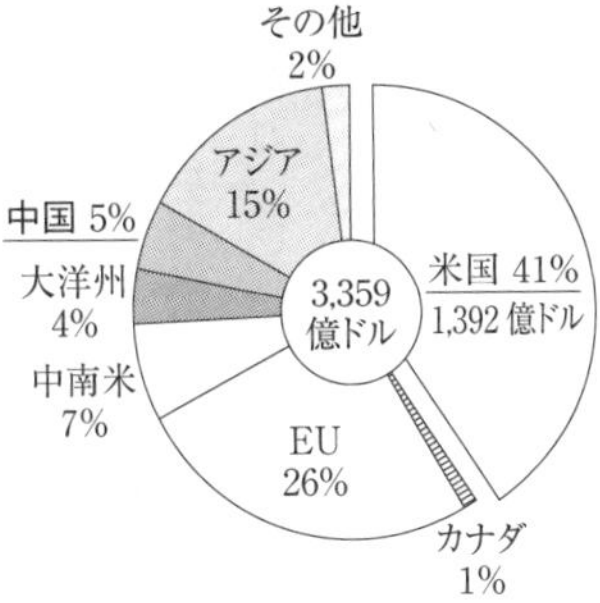

(出所 ── 日銀国際収支統計月報、ジェトロ貿易投資白書、米商務省国際収支統計)

米国の商品貿易赤字に対する主要国の比率
(米商務省統計：センサス・ベース)

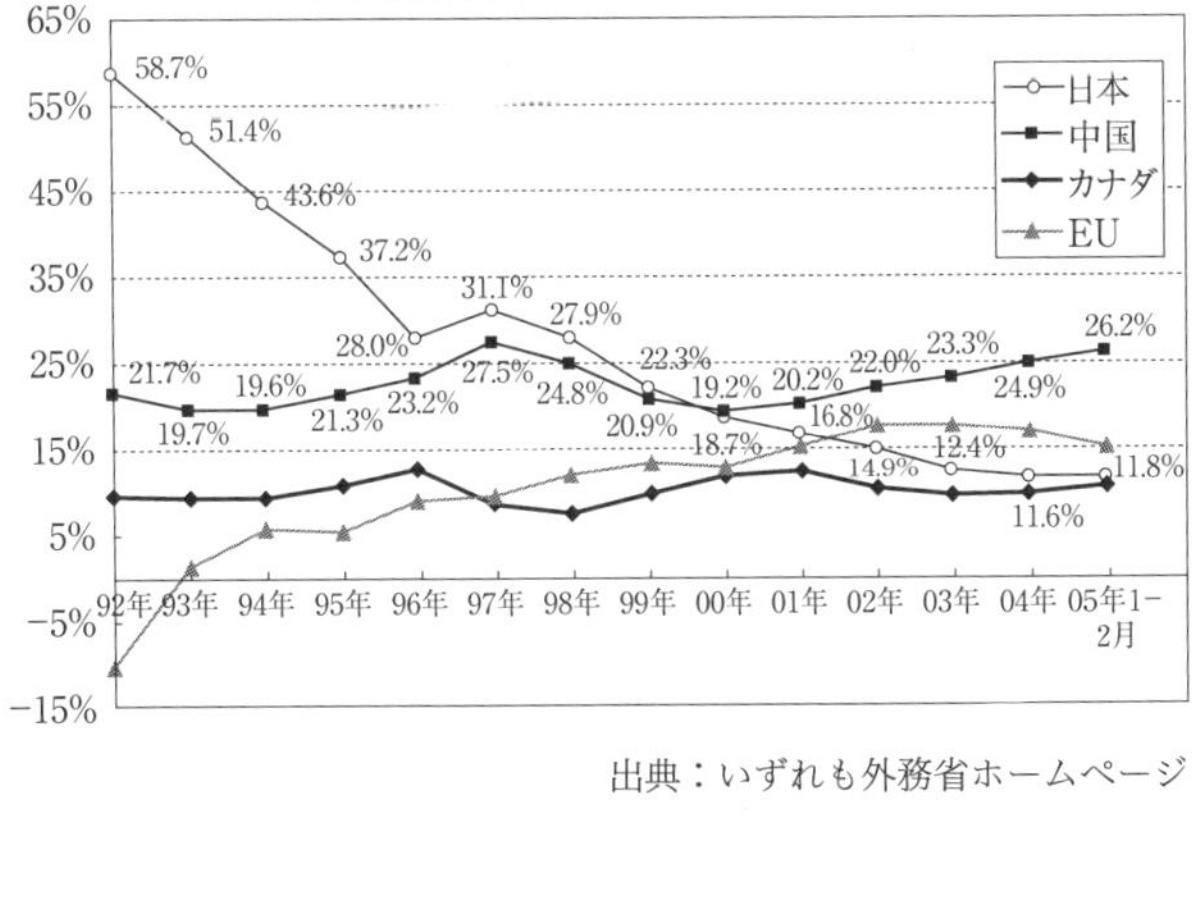

出典：いずれも外務省ホームページ

は二〇〇〇年より上昇に転じ、二六・二パーセントとなっている。

（3）また、「平成バブル不況」が長期化する中で日本経済が停滞し、日本企業の経済活動が国際的に持つ意味合いも、「ジャパン・アズ・ナンバーワン」とすらいわれた八〇年代後半とは比べられないほど大きく後退した。したがって米国から見るとその分、日本との間で抱える「貿易問題」も低減していくことになったわけである。

目下のところ、日米経済関係をめぐる米国側の認識は、「世界経済成長、東アジアの安全保障の観点より、構造改革を通じた日本の経済再生を重視」すると共に、「日本経済再生のために必要に応じ助言する」といった協調を旨とするものである。

（4）日米貿易摩擦を解消するために米国が用いた手段は「日米二国間のやりとりの中で、日本側に圧力をかけ、日本側からの譲歩を獲得する」というものであった。ところが、こうしたアプローチが多角的な自由貿易主義をモットーとして成立した世界貿易機関（WTO）のルールに抵触し、敗訴する可能性が高くなってきたため、米国としても「貿易摩擦」を日本との間でプレイアップすることができなくなった。

さすが俊英な官僚から得られた回答である。一見したところ分かりやすく、一分の隙もないかのように思える。だが、本当にそうだろうか。

日本が米国を提訴した案件

●鉄鋼セーフガード：
2002年3月、米国は鉄鋼関連製品14品目を対象にしたセーフガード措置を発動。2003年11月、上級委員会は当該措置のWTO協定違反を認定するパネル判断をおおむね支持し、12月4日、米国は鉄鋼セーフガード措置の完全かつ即時の撤廃を発表。

●1916年ダンピング防止法：ダンピングの被害者に被害額の3倍の損害賠償を認める法律
2000年9月にWTO協定違反が確定し、2004年12月に米国で同法の廃止法が施行。しかし廃止法は遡及効がなく、日本企業に対して同法に基づき提起された2件の係属中の訴訟については、廃止後も引き続き同法の下で審理される。

WTO協定違反確定
改善済

●バード修正条項：ダンピング防止税等により米国政府が得た税収を、米国内企業に対して分配することを定めた米国内法
2003年1月、WTO協定違反が確定。2004年11月、我が国の対抗措置申請がWTOによって承認され、米国に対しいつでも対抗措置を発動する権利を確保した。

●熱延鋼板ダンピング防止措置：
日本製熱延鋼板に対する米国のAD税賦課について、2001年8月、同措置及びその根拠となった米国内法のWTO協定違反が確定。

WTO協定違反確定
改善措置未了

●ダンピング・マージンの計算方法（ゼロイング）：
ゼロイングはWTO協定に整合していないとして、我が国は2004年12月に米国との間で二国間協議を実施。同協議で同意できる解決に至らなかったことから、我が国の要請に基づき、2005年2月、本件パネルが設置された。

WTO紛争
解決手続中

出典：外務省ホームページ

実は、よくよく考えると、これら四つの「模範回答」には一つの特徴がある。そのいずれもが、金融資本主義への移行や、中国の台頭、それに平成バブル不況、WTOルールの確立といった「すでに生じた現象」を、後付けで説明しただけなのだ。平たく言うと、これは「世の中こうなったから、そうなのです」と、ある種のトートロジーを述べたものにすぎないのではなかろうか。

すなわち「そのような方向へと誰が持っていったのか」という、「日米貿易戦争」の消滅をもたらした主体の積極的な関与・行為についての説明がないのだ。現象面として、こういった個々の「事実」はたしかに否定できない。しかし、そこに元来あったはずの「意図」が、この「公式説明」からははっきりと消し去られていることを見逃してはならない。

では、ここで言う「意図」の持ち主とは誰なのか。また、「意図」とは、いったい何なのか。

†日米経済交渉の歩み

そこでまずは、「日米貿易戦争」華やかなりし頃から現在に至る日米経済外交の基本的な歩みをふり返ってみよう。どんなに巧みな者であっても、「歴史」から自らの影を消し去ることはできない。「公式ヴァージョン」のファクト・シートであれ、そこにある「事実」の羅列を丹念に追っていくことが、ここでいう「主体」と「意図」をめぐる検証の第一歩となる。

後に、「糸（繊維）で縄（沖縄）を買った」と揶揄《やゆ》されることになる日米繊維協定が調印された一九七〇年代前半以降、日米貿易摩擦は激化の一途をたどった。もっとも当初は、個別の産品について米国側から度重なる要求があり、日本側がこれにじりじりと譲歩するというパターンだった。カラーテレビ（一九七七年）然り、牛肉・オレンジ（一九七八年）然りである。さらに、日本側は「殴られる前によけろ」とばかりに、悪名高い「自動車輸出自主規制」まで発動する（一九八一～八四年）。

一九八二年十月、日本では鈴木善幸氏に継いで中曾根康弘氏が内閣総理大臣に就任し、第一次中曾根内閣が成立する。それから五年間にわたって中曾根政権が続くのであるが、その間、日米関係は「レーガン・中曾根」の個人的な「友好関係（ロンヤス関係）」に支えられたと、関連書には例外なく記載されている。しかし、このように日米関係が「バラ色」の時期だったかというと、日米貿易摩擦において米国が日本追及の手を緩めたわけではない。

この時期、日米貿易摩擦をめぐる「交渉形態」に一つの転機が訪れる。「個別の産品」だけを取り上げて、徹底的に日本側を追い詰めるというやり方ではなく、より幅広く複数の問題領域について、同時並行的に協議を行なうようになったのだ。

その初期の形態が、「市場志向型分野別協議（Market-Oriented Sector Selective, MOSS）」で

ある。一九八五年の中曾根・レーガン合意によって始まったこの「MOSS協議」は当初、四分野（エレクトロニクス、電気通信、医薬品・医療機器、林産物）を取り上げていたが、その後、徐々にその対象を広げていった（自動車用部品を含む輸送機器〈一九八六年五月〉、エレクトロニクスとしてスーパーコンピュータの公的セクターにおける調達〈一九八六年十二月〉）。

　時期を分けて個別分野に集中するのではなく、各分野を同時並行的に交渉するという手法は、当然、「貿易戦争」というムードを徐々に高めていくことになる。とりわけ、攻められる側の日本について、個別の産品について云々《うんぬん》するというよりも、その背景にある日本市場の不透明性、あいまいさや不公正さ、さらに言えば、その遠因となるすべての「日本的なるもの」が槍玉に挙げられた。たとえば昭和六十二（一九八七）年度版「通商白書」は、「輸出入に大きな影響を与える我が国のマクロ的、構造的要因に批判が向けられるとともに、個別品目を巡る貿易摩擦が全体の不均衡を象徴するものとして取り上げられる傾向」があると書き記している。

　もっとも「個別から全体へ」というアプローチの変化が、すでにこの段階から一般化したと述べることに、当時の日本側代表団関係者は「違和感」を覚えるかもしれない。たとえば、外務省において北米二課長、経済局長、外務審議官（経済担当）を歴任した小倉和夫氏は『日米経済摩擦（改訂版）』（朝日文庫）の中で、八〇年代における日米貿易摩擦の特徴として「個別問題の先鋭化」に言及している。その上で、こうした個別問題の「先鋭化」の背景には、米国の国内政治における状況変化、とりわけ議員の世代交代や、南部や西部といった地域的特色のある「産品」が、米国内の政治的圧力から前面に出されてきたといった事情があると分析する。したがって「個別から全体へ」ではなく、「全体のように見えて、実際には個々の理由により個別に固執する」という流れがこの時代、とりわけ米国内の理由によって定着していたかのようにも見えないことはない。だが、このように述べる小倉氏も、「個別問題」が結果として「日本そのもの」「日本全体」の特異性を例示し、象徴するものだからこそ、攻撃対象とされているにすぎないことにも言及している点に注目したい。

「すでに日本は、輸入数量制限の数や関税率一般の高さでは、米国並みに開放された市場となっていることから、対日批判は、勢いなにか個別の現象をとらえてその意味を拡大かつ一般化して、あたかも日本市場の閉鎖性のシンボルであるかのごとく宣伝するという手法がとられることとなる。(中略)

こうした個別問題が「象徴化」され、悪玉日本のイメージが米国内に定着してしまうことに対して、(米国自身の利益のためにも)それに抵抗すべきはずの米国人が、あるいは経済交渉上の取引材料として利用しようとする思惑からか、あるいは日本市場の閉鎖性を本当に信じ込んでしまい、それを改めさすことが自らの使命であると思い込んでしまって、対日批判の火に油を注ぐようなことを平気でやっているのである。」

（小倉和夫『（改訂版）日米経済摩擦』朝日文庫）

そもそも「日本的なるもの」が特異であり、だから個別の産品についても問題（＝日本側の経常収支黒字）が生ずるのだという潮流が最初の頂点に達したのが、一九八九年六月より開始された「日米構造協議（Structural Impediments Initiative, SII）」である。米側関係者によると、このＳＩＩは米国内において、いわゆる「スーパー３０１条」（一九八八年米国通商法）の対象に日本の「構造問題」を含めるべしとの声が高まったことを背景としているという。そして米国政府当局が衝突を避けるために、日本側との間で当初は二国間交渉の形で、「構造問題」について話し合う場所を設けるべく動いたというのだ。

これに対し日本側が、「構造問題」は国内問題であって「交渉」の題材ではないと突っぱねたため、結果的にこの話し合いの枠組みを英文では「イニシアティブ」、和文では「協議」と呼ぶことで決着がついたのは有名な話である（藪中三十二『対米経済交渉』サイマル出版会）。しかし、日本の外交当局者がこうした「小手先」の知恵を使ったところで、「個別から全体へ」という潮流は変わるはずもない。さらに「深み」すら加わって、流れは不可逆的なものとなっていく。この協議において日本側は、貯蓄投資パターン、土地利用、流通機構、価格メカニズム、系列および排他的取引慣行について徹底的に改善を求められた。

こうした一連の流れに対し、「日本が一方的に米国に攻められている」という対米認識が日本国内で高まったことはいうまでもない。一九八九年一月にはそうした政府の劣勢、ひいては米国の強圧的な態度への「反論」として『「NO」と言える日本』（光文社）を石原慎太郎が盛田昭夫との共著で刊行する。自らは「反米ではない」と言い切る石原のこの「対米牽制論」は、私の手元にある一九九九年版ですでに「五十九刷」とある。当時の日本人の強い関心、とりわけ「反米感情」の高まりが、この数字にはっきりと表れている。

一九九三年一月、米国では政権交代が生じ、民主党のクリントン大統領の率いる新政権が発足する。SIIはすでに一九九〇年に終了し、引き続き個別分野についての協議が行なわれていた。

クリントン民主党政権としては、何としてでも先行するブッシュ（父）共和党政権との「差別化」を図りたかったようだ。元来、米国内における経済的弱者保護という議論の延長線上で、対日貿易赤字により批判的な態度をとってきた民主党サイドの基本的な姿勢の重みも加わり、クリントン大統領は「個別から全体へ」、そして「深み」のある「経済戦争」という、これまでの路線の延長線上に、さらなる仕組みを設けることを決意する。これが、一九九三年より開始された「日米包括経済協議」である。

政権発足当初にウィニング・ポイントを確実に稼ぎたいと焦るクリントン政権側は、自動車、政府調達、保険といった各分野において、具体的数値で示された何らかのコミットメント（約束）を日本側が示すことが必要であると強硬に主張した。これが、いわゆる「数値目標」論である。これに対し日本側は、終始一貫して「保護貿易的主張である」と強く反発した。こうした米国のさらなる強気な姿勢を前にして、日本国内では、官民挙げての対米批判が強まったことはいうまでもない。

それに拍車をかけたのが、日本の内政上の大変革だった。——一九九三年八月、細川護熙を首班とする細川連立政権が発足したのである。それまでの自民党政権と一線を画そうとする細川政権は、焦眉の課題であった日米経済摩擦についても独自色を打ち出そうとした。その結果、翌年二月に行なわれた日米首脳会談において、細川総理がクリントン大統領に対し、面と向かって数値目標受け入れを拒否するという「前代未聞の出来事」が起きることとなる。二月十一日に行なわれた共同記者会見の場において、細川総理は「玉虫色の決着で将来の誤解の種をつくるよりは、できないことは素直に認めることが必要だ」と説明し、こうした日米関係を「成熟した大人の関係」と表現した。

このような日本側の対応について、現段階で歴史上の評価を確定的に述べることは難しい。しかし、日本の国内世論において対米批判が最高潮を迎え、それまでの日本に対する「アンチテーゼ」として総理大臣までもが米国大統領に対し本当に「ＮＯ」と言ったことが、米側に一考を促すことになったことだけは事実のようである。

なぜなら、米側はこれから後、「全体から包括へ」「深みをもった」アプローチというこれまでのラインに沿いつつも、面と向かって日本を罵倒し、追い詰めていくという手法をとらなくなるからだ。だが、これによって、果たして細川が述べたような「成熟した大人の関係」が日米経済摩擦についてもたらされたかというと、はなはだ疑問が残る。なぜなら、面と向かって罵倒しない分、米国の手法はより隠微となり、巧妙なものとなっていくからである。

もちろんその背景には、先ほど紹介した日本政府関係者による「公式説明」にもあるとおり、国際経済全体の中における米国の関心が「モノ（貿易）」から「カネ（金融）」へとシフトしたため、「オレンジ」「牛肉」といった目に見える「モノ」のように象徴的で分かりやすいイメージ（「貿易戦争」）で、日米間の経済摩擦をとらえにくくなったという背景事情はある。しかしそれを踏まえてもなお、米側のアプローチ変更は巧みであり、そのことの「真意」を最後まではかり切れていない日本側は、およそ「成熟した大人」とはいえない状況に依然として置かれたままなのだ。

まず米側は、「個別から全体へ」「深みをもった」アプローチというこれまでのラインに「規制改革」というシャポー（帽子）をかぶせ、標的を日本政府そのものに絞るようになる。それが一九九七年六月から開始された、「規制緩和及び競争政策に関する日米間の強化されたイニシアティブ（日米規制緩和対話）」である。

それまで米側は日本における「構造問題」を槍玉に挙げてきた。しかし、この「構造問題」、あるいはそれをアクティブにとらえて「構造改革」という用語ほど玉虫色に用いられてきた言葉はない。外務省における私の経験からいっても、「構造改革」という言葉が日本政府部内で、「作業用語」として確たる意味を持って取り扱われていたという記憶はない。

日本を攻め立てる米側からすれば、これほどまでに使い勝手のよい用語はなかったに違いない。なぜなら、何であれ日米間の経済摩擦の要因が、「日本的なるもの」「日本的な制度・慣行」にあると照準を定めることができれば、それが官民いずれの領域に属するものであるかを問わず、「構造問題」であり、「構造改革」が必要だと主張することができたからである。

また「構造改革」という時、次章で述べるとおり、アジア通貨・経済危機後になると、それはもっぱらＩＭＦ支援条件（コンディショナリティー）を念頭に議論されるきらいがある。そしてその構成要素は、「国営企業の改革と民営化・合理化」、「民間の流通業者の育成」、「中央銀行と商業銀行の区別」、「商業銀行業務の民営化」、「金融市場の創出」といった具合に、官民双方にまたがっている。

ところが、日米間の経済交渉が（日本の）「構造改革」を主題としつつも、タイトルとしては「規制緩和」について議論する場であると自己定義し始めた時、「構造改革」の語にある一つの重大なニュアンスが付け加えられることになる。それは「構造問題の解決は規制緩和によってもたらされるのであるから、まずは規制をしている日本政府が考えを改め、改革のため自らネジを巻いて行動しなければならない」というニュアンスである。

他国の政府に「自らネジを巻け」と主張することは通常、大きな困難を伴うが、九〇年代後半の日本政府にとっては、こうした米側の「意図」に応じざるをえない客観的な状況が次から次に生じてきた。いわば「有無を言えぬ環境」に取り囲まれていたといってもよい。その最大のものが、いつ終わるとも知れなかった平成バブル不況である。バブル経済という「忘れたくても忘れられない過去」に対する「恥」と「悔悟」に日本人がとらわれている時、米国はいつしか「敵」から「経済再生のために手を差し伸べてくれる友」へと人知れず変容していく。

「戦後50年を終えた日本経済は、現在歴史的な構造調整期にある。バブル崩壊に伴う調整、円高や「大競争」時代の中での調整、情報・通信革命時代への調整、人口高齢化への調整等の過去・現在・将来からの挑戦がある。こうしたなかで、日本経済はどこに向かおうとしているのか、将来がみえない閉塞感にとらわれている。その結果が「驚くべき例外的低成長」である。こうしたなかではっきりしていることは、これまでの経済構造、経済システム、経済政策の体系にギアー・チェンジしなければならないということである。これまでの経済社会の構造やシステムにしがみついていては、日本経済に前途はない。」

（平成八年「経済白書」総論）

「構造改革のための規制緩和」を、「個別ではなく全体について」「深みをもって」求めていくというアプローチは、クリントン政権の後半における日米経済交渉の現場において、終始一貫して維持された。その間、日本側では総理大臣が小渕恵三、森喜朗へと代わったが、日米間ではこうした基本的発想に基づき、双方の事務方による協議と、その結果についての「規制緩和対話に関する共同現状報告」を、折々の日米首脳会談で行なうというやり方が続けられた。

クリントン政権下での三回の「共同現状報告」に次いで、二〇〇一年一月に発足した現ブッシュ共和党政権下でも、第四回「共同現状報告」が日米首脳により確認されることになる。しかし、クリントン政権との「差別化」を図りたいブッシュ政権サイドは、それまでのやり方をさらに発展させるものとして「成長のための日米経済パートナーシップ」を、日本側と共に立ち上げることに成功する。

この「成長のための日米経済パートナーシップ」の立ち上げにあたっては、とくに米側関係者がすでに二〇〇〇後半より、さまざまな形で表向きの発言をしてきたことが大きな影響を与えたといわれている。翌年より政権を握ることになる共和党関係者のみならず、民主党関係者についてもそうであり、たとえば民主党寄りのローラ・タイソンのグループは同年十月二十四日に公表したテキスト（「対日米国経済政策の将来の方向性（Future Directions for U.S. Economic

Policy Toward Japan)」）の中で、対日投資環境の改善と金融市場の改革を焦点とする日米政府間対話の実施などを提言している。

ここで、なぜことさらに「成長のための日米経済パートナーシップ」への切り替えについて言及するのかというと、それには大きな理由がある。たしかにこれは、それまで事務方だけが協議に参加することで済ませていた日米経済交渉について、明示的に民間との連携を謳うと共に、個別協議とは別にさまざまなレベルやアプローチにより「対話の枠組み」を拡充しているという意味で、日米経済交渉の「集大成」といえなくもない。

しかもそこでの精神は、「摩擦から協調へ」なのだと外務省は説明する。そうであるならば、九〇年代前半までに徹底した「ジャパン・バッシング（日本叩き）」に悩まされてきた日本政府としては、願ってもない方向性だといえそうである。

しかし、あまりに知られていない「事実」なのであるが、この「パートナーシップ」には「協調」の美名の下、米側から日本側に対ししっかりと「要求」をねじ込むための仕掛けがあらかじめ組み込まれているのだ。それが体裁上、日米双方が交換することになっている「要望書」である。

「日米規制改革および競争政策イニシアティブに基づく日本国政府への米国政府要望書」と題された米国から日本への「要望書」は、本書を執筆している二〇〇五年十月までの間に、すで

緊密な日米経済対話

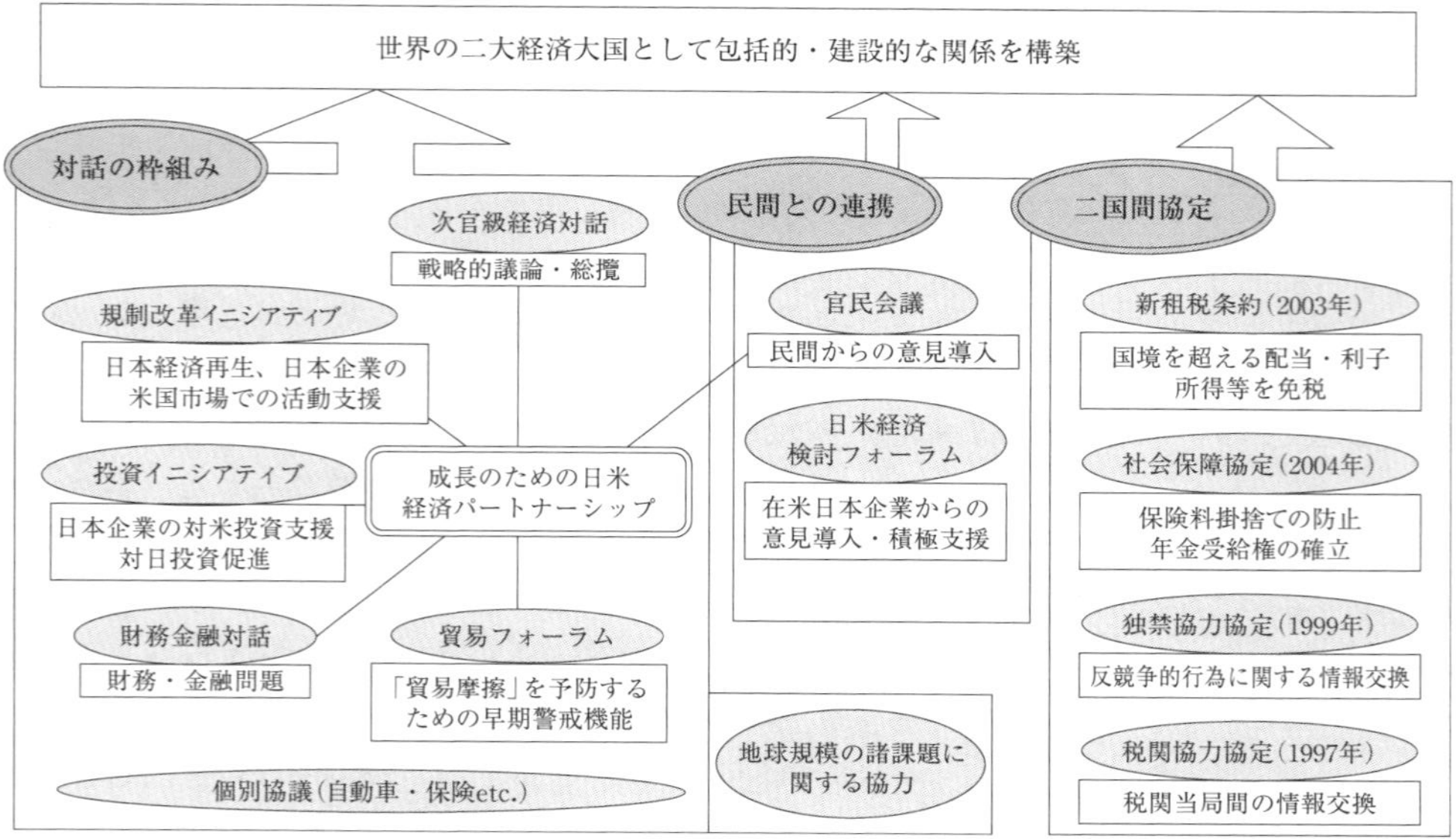
世界の二大経済大国として包括的・建設的な関係を構築
対話の枠組み
次官級経済対話
戦略的議論・総攬
規制改革イニシアティブ
日本経済再生、日本企業の米国市場での活動支援
投資イニシアティブ
日本企業の対米投資支援
対日投資促進
成長のための日米経済パートナーシップ
財務金融対話
財務・金融問題
貿易フォーラム
「貿易摩擦」を予防するための早期警戒機能
個別協議(自動車・保険etc.)
民間との連携
官民会議
民間からの意見導入
日米経済検討フォーラム
在米日本企業からの意見導入・積極支援
地球規模の諸課題に関する協力
二国間協定
新租税条約(2003年)
国境を超える配当・利子所得等を免税
社会保障協定(2004年)
保険料掛捨ての防止
年金受給権の確立
独禁協力協定(1999年)
反競争的行為に関する情報交換
税関協力協定(1997年)
税関当局間の情報交換

出典：外務省ホームページ

に四回手渡されている。これによって、有り体にいえば、ある年に日米双方の政府が行なった改革の努力の結果について、毎翌年に開催される日米首脳会談の場でその達成度に関する「成績表」が、両首脳への報告書という形で提示され、確認されるというわけである。それではこの「要望書」には、どんな内容が書かれているのだろうか。直近の対日要望書である二〇〇四年十月十四日に交換された文書の冒頭には、次のようなフレーズがある。

「本要望書に盛り込まれた提言は、主要分野や分野横断的課題に関わる改革措置を重視しており、現在の日本の経済成長支援および日本市場の開放促進を目的としている。さらに、米国は、通信、情報技術（IT）、医療、エネルギー、競争政策など、小泉内閣が改革に重要であると位置付けた分野の問題に焦点を当てる努力をした。

本年の要望書において米国は、日本郵政公社の民営化計画が進んでいることを受け、勢いを増している日本における民営化の動きに特段の関心を寄せた。これに関して、日本経済に最大限の経済効果をもたらすためには、日本郵政公社の民営化は意欲的且つ市場原理に基づくべきだという原則が米国の提言の柱となっている。」

つまり米国としては、あたかも日本のため、さらには小泉改革の推進のために「要望」するというのである。しかも日本郵政公社の「民営化」について、「市場原理」に基づいて行なうようにといったきわめて「初歩的」な提言にもあえて言及している。このように、表面的には

「要望」と言いつつも、「要求する意図」が冒頭の総論から感じられる対日要望書であるが、その具体的な要望項目を例示したものが六〇～六一頁に掲げた一覧表である。

列挙したのは対日要望項目の中のほんのわずかな例にすぎないが、これを見て読者の方々がすぐに気づかれることはないだろうか。――これらはいずれも、実際に日本で「改革プロセス」の一環として、時として鳴り物入りで議論が行なわれ、政府が制度改正へと突き動かされている諸事項なのである。そして、この「要望書」を踏まえて実際に日本側が懸命な作業をした結果、日米両首脳間でその「成績表」が確認されることになる。

つまり、こういうことである。米側はもはや面と向かって、かつてクリントン大統領と細川総理との間で交わされたような「ガチンコ」を演じるつもりはない。その代わりに、「ジャパン」というさまざまなポートフォリオを抱えた「ファンド」のマネージャーである日本政府に対し、クライアント（顧客）として「これくらいは収益を上げよ」と指示を出す（要望書）。これを受けて、ファンド・マネージャー（＝日本）は実際に作業を進め、「利益」を上げる。期日到来と共に、ファンド・マネージャーである日本は米国に対し、日米首脳の面前で「収益報告」を行なう。両首脳とりわけ米国大統領がこれにサインしたところで、米国にとっての「利益が確定」する（「報告書」）。

口頭だけの外交交渉とは違い、この対日要望書という、ごまかしの利かないペーパーの取り交わしを認めているのである。これにより、日本はあたかも「ファンド」を定期的に利益確定するかのように、自らの「構造改革」に伴う米側に対する「利益確定」の定例化を約束してしまっているのである。

このように述べると、とりわけ日本側の外交当局者からは、「日本が一方的に利益確定されているという説明はおかしい。SIIの時から、日米経済交渉の基本は「双方向性」にある。日本だけが一方的に攻められているわけではない。現に日本も毎年、米国に対する「要望書」を提出している」といった批判が聞こえそうだ。だが、読者の方々の目には、こうした「主張」こそが米国という「主体」の「意図」、そして「術中」にはまった議論だということはすでに明らかだろう。

なぜなら、「要望書」は出せばよいというものではなく、そこには確固とした目標、すなわち「米国の行動から何を「利益」として確定させるのか」という「哲学」がなければならないからだ。たとえば日本政府は、二〇〇四年十月に米国政府に手渡した「要望書」により、次の二点を対米要求の重点項目としたいとしている。

「(1) 二〇〇一年九月の同時多発テロ以降に米国政府がとってきている様々なテロ対策措

・談合の扇動を試みる政府職員に対するより厳しい制裁を含む官製談合に対する処置を強化する。

(透明性およびその他の政府慣行)

・顧客に対する保険のダイレクトマーケティングを妨げる規制の緩和を行なう。

・保険を提供するすべての共済と民間会社の間の競争条件の同一化を確保する。

(民営化)

・保険、銀行、宅配分野で、日本郵政公社に付与されている民間競合会社と比べた優遇面を全面的に撤廃する。

・日本郵政公社の保険および銀行事業と公社の非金融事業の間で相互補助が行なわれないよう十分な方策をとる。

(法務制度改革)

・外国弁護士が、日本弁護士と同等に、また、同等の利益を享受できる形で、専門職法人を設立することを認める。

・日本において行なった原資格国法に関するすべての実務期間を、外国法事務弁護士資格に必要な三年の職務経験要件に算入することを認める。

(商法)

・参画合併、株式交換など、日本の商法に近代的合併手法を導入するための法案を次期通常国会に提出する。

・日本におけるM&Aを促進するためのその他の必要な措置を講じる。

(流通)

・日本における国際空港の着陸料などの設定に使用されている計算方法を公表し、パブリック・コメントを募集する。

＊在日米国大使館のホームページに基づき、筆者が作成したもの

日米規制改革および競争改革イニシアティブに基づく日本国政府への米国政府要望書（2004年10月14日）**における対日要求項目の例**

(電気通信)

・省庁から独立した機関を設置し、総務省のNTTに対する介入を撤廃する。

・総務省の規制及び政策判断への民間の参画を増やす。

・NTTドコモのネットワークへの着信料金が、妥当で競争的な水準であるか否かを検証する。

(情報技術)

・電子商取引を妨げる既存の法律や規制を排除する。

・個人情報保護法が、国際的規範に沿い、透明性が高く、一貫性のある形で施行されることを確保する。

(エネルギー)

・電力とガスについて、独立した市場監視などの査定および監視の仕組みを整備する。

・送電や導管の運営者と関連のある事業者が、関連の無い事業者より有利にならないよう、情報共有に関する厳しい行動規範を導入する。

(医療機器・医薬品)

・第三者認証機関による医療機器製造所の監査結果を受け入れる。

・栄養補助食品の販売規制を緩和する。

(金融サービス)

・規制制定やガイドライン作成にあたり、金融機関および協会の意見や懸念を慎重に検討し、公開ヒアリングや意見提出の機会を引き続き拡大する。

・兼営法に従って、国内銀行と対等の立場で、外国銀行の支店が信託と銀行業を同時に従事することを認める。

・投資顧問や投資信託の活動を規定する規制の枠組みを一本化する。

(競争政策)

・課徴金を実質的に引き上げ、繰り返す違反者に対して通常よりも高い課徴金を科すために独占禁止法を改正する。

置の重要性は十分理解するものであるが、同時に、日本政府は、これらが日米間ひいては地球規模での経済活動や人の交流を阻害しないよう望んでいる。

（2）米国の規制・制度には、依然として、必ずしも国際基準に調和しないもの、自由貿易の理念にそぐわないもの、公正な競争を阻害しかねないものが見られる。特に、米国には、WTO協定違反が確定しながら米国がその是正のための措置を講じていない各種貿易措置がある。世界第一の経済大国である米国が主体的に是正措置を講じることが、WTOを中心とした多角的貿易体制への信頼維持にも資するものと考える。」（外務省ホームページ）

外交官としての体験からいうと、外交文書を作成している最中に、その文書が持つ「歴史的」、すなわち「中長期的」な意義を作成者自身が理解するのは難しい。しかし後付けでじっくりと見ると、その文書が実際に持っている大きな意味に気づかされることが、外交の現場ではままある。

ここで掲げた二つの「日本側重点項目」についても、まさにそうである。ほぼ同趣旨のものが日本から米国への「要望書」前文に記されているが、そこにある「哲学」は、先ほど紹介した米国の対日要望書のそれとははっきりと異なっている。なぜなら米国の「要望書」には、これまでと同様に「規制緩和を通じた構造改革を」、「個別ではなく全体で」「深みを持って」迫ることによって日本の市場をこじ開け、そこへ米国資本（あるいは米国系多国籍資本）が割って入る余地をつくり、具体的な「利益」を得ようとする経済的な意図が見てとれるからだ。

しかもそういったあからさまな要求であるにもかかわらず、米国としても表向きは、「日本経済再生のための小泉総理の自助努力」を善意によりサポートするという姿勢を滲ませているのである。しかし、いくら美辞麗句を並べたところで、その背後にある国家戦略上の意図や、両首脳への報告書の提出という、「利益確定」の瞬間には姿を現さざるをえない米国のむき出しのエゴ（自我）は隠しようがない。

ところが、これに対する日本はといえば、対米要望の中で、まったく巧妙ではない。それどころか、日本にとっての「利益確定」ができないような論理に、自ら拘泥してしまっている。

たとえば、9・11後の「テロ対策強化」の流れに表から経済の論理でぶつかっていったとしても、ニューヨークの摩天楼へのあの凄惨な自殺攻撃を目の当たりにした米国民は決して譲歩することはないだろう。また、WTOルールを振りかざすことは一面において「WTOという普遍」と「米国」を対峙させることにつながり、有効そうにみえないことはない。しかしこれも、より直接的に「米国の経済浮揚のためにはこれこそ必要な改革措置だ」とストレートに議論するのと比べると抽象的にすぎ、インパクトに欠ける。

それではなぜ、日本側からの対米要望は背骨のしっかりしたものになっていないのだろうか。その理由は、まさに日米経済摩擦が積み重ねてきた歴史の中にある。日米経済交渉とは、これまでふり返ってきたとおり、「日本的なるもの」をマーケットから排除させることによって、米側が具体的な利益をその都度、確定的に得るために行なってきた外交プロセスだからだ。日本側は途中から「双方向性」をことさらに強調し始めたが、そのように「防御」として始めたものと、具体的な「利益」という獲物をつねに狙いながら主体的に交渉を続けてきたものとでは、それらの主張を貫く「哲学」の持つインパクトは当然異なるのである。

†日本の世論を「無意識化」させた米国

以上ふり返ってきたとおり、八〇年代後半から九〇年代前半にかけて燃え盛っていた日米経済摩擦を「解消」するための外交上の枠組みは、一方においては「個別分野」から「全体」、ひいては「日本それ自体を構造としてとらえる」ものとなり、やがて「問題は規制を行なう日本政府にある」と狙いを定めるアプローチへと発展した。同時に、「厳しい交渉の現場をただ単にプレイアップ」することから、「あくまでも米国が日本の経済再生をサポートするために助言をする」ように見せかけつつ、実際には要望書を各期ごとに提示し、「利益確定」するアプローチへと変更されたのである。

このうち前者については、日米経済関係の親密さ、依存度の高さからいっても、単一の分野での動向が関連する周辺分野へと容易に影響するのであって、日本のマーケット全体を総覧するアプローチへと転向していくのは経済的合理性にかなうものであると解釈できないわけではない。また後者の点についても、太平洋を挟んで相対峙しているという、「宿命的」な地理的相互関係に置かれた日米両国がいたずらに感情的になる必要はなく、むしろ「揉め事はひっそりと実務的に収めるべし」というマツリゴトの基本に徹底したアプローチだとも言えそうではある。

しかし、くり返しになるが、とりわけ九〇年代前半には、本当に「戦争」になるのではないかというくらい感情的な議論が日米双方の「世論」の中で飛び交っていたのである。とくに日本では、米国からの「外圧」への敵視が極端に強かったこともまた事実なのだ。今から思えば滑稽だが、当時の日本では米国に対し「NO」と言えることへの憧れを人々は盛んに口にし、実際にそのような志を体現しているかのようにショウ・アップした石原慎太郎氏が、時代のヒーローとして熱烈な支持を国民から受けていたのである。

そのような状況の中、外交当局にいわせれば合理的なものかもしれないが、先ほどのような新たな「アプローチ」が日本の世論から何らの批判・指摘を受けず、手放しに黙認されていくはずもない。なぜなら「個別」から「包括」への推移は、「貿易戦争」「経済摩擦」において米国から攻められる日本側にとっての「戦線拡大」を意味するからだ。また、「交渉」から「ペーパーをあらかじめ提示した上での利益確定」への変更は、見ようによっては米国からの一方的要求を、あたかもやらなければならない宿題であるかのように日本側が受領する儀式（しかもペーパーで！）として認めることにもなる。

つまり、「NO」と言うどころか、紙で「宿題」まで渡され、しかもそこで出される「宿題の数と範囲」まで増えるというわけである。「日米貿易戦争」で攻め立てられる日本政府を目の当たりにして、「義憤」を露《あらわ》にしてきた日本の「世論」の流れに、こうした一連の展開は逆行していたはずだ。

そうである以上、これらは本来、日本側にとってとうてい受け入れられないものだったのではなかろうか。しかし、こうした日米経済交渉の「アプローチ」の変更は九〇年代後半から滞りなく進み、いつの間にか定着したのである。

ここで一つの重大な疑問が残る。——いかに日米の外交当局が巧みに振る舞おうと、日米経済交渉の枠組みにおけるこうした重大な変更について、日本の世論が意識することは本当になかったのだろうか。また、もっと言えば、なぜ日本の世論はこうした米側による「利益確定アプローチ」への静かな移行に気づかず黙認し、かつての「貿易戦争」の頃の怒りを忘れてしまったのだろうか。

九〇年代前半にあれだけ沸騰した日米経済摩擦のことである。さらに意図的に拡大されていく「摩擦」について「無意識化」させるため、日本の世論に対して何かが講じられなければ、こうしたアプローチの変更は瞬く間に露見してしまったに違いない。それでは、誰がそうした「無意識化」を図ったのだろうか。――合理的な推論をする限り、「利益確定」によって毎年、日本側から具体的な利益を得ている米国以外に、その答えはありえない。では、米国はどういった手段を使うことで、日本側を「無意識化」させることに成功したのだろうか。

表向きは「日本経済再生」のため、しかし実際には、米側からすると「日本の市場をこじ開け、そこから具体的な経済的利益を米国本土へトランスファー（移転）」するため、私たち日本人がいつの間にか唱えさせられているのが「構造改革」である。私はこの「構造改革」そのものの中に、「利益確定」のシステムをつくり上げるにあたり、受益者である米国がいかに関与してきたのかについての「秘密」が隠されていると考えている。

第三章でアジア通貨・経済危機について言及する際により詳細に検討したいが、日本を含めたアジア諸国に「構造改革」を行なわせる本当の意味は、米国からすると、とどのつまり、一つの焦点に絞られている。それは、アジア（日本）のマーケットが持つ「情報の非対称性」を除去することである。

アジア諸国のマーケットは、米国から見ると地理的に遠くに位置しており、放っておくと米国側は、現地の投資家・企業家とは比べものにならないくらいの乏しい情報量しか持つことができない。マーケットで勝つために不可欠な情報の量について、そのマーケットの外部と内部との間で不均衡が生じている時、この状況を指して「情報の非対称性」があるという。

米国がアジアのマーケットで勝つためには、何としてでもこの「情報の非対称性」を取り除かなければならない。日本についてもそうであるが、米国がマーケットにおける情報開示（ディスクロージャー）や公明正大な企業統治（コーポレート・ガヴァナンス）を日本を含めたアジアに求める真意は、このような「情報の非対称性」を除去することにある。

そして、「放っておくと地理的にも遠く、かつ政治的・経済的・文化的な伝統も違うため、入り込むことが難しい日本市場」において、最終的には現地人（＝日本人）との関係においても「情報優位」を確立するためにとるべき手段は一つしかない。それは、米国から見た「情報の非対称性」を解消させるべく、日本市場内における情報がストレートに米国へ届くシステムを構築することだ。もっとも、これを「米国の利益のために」とあからさまにやったとすると、「「NO」と言える日本」ではないが、九〇年代前半の頃のような燃え盛る反米感情を誘発してしまう危険性がある。

そうである以上、具体的には次の二つの手段をとるのが、米国の「国家理性」にとっては合理的だといえるだろう。

（1）日本市場における「情報の非対称性」の解消、すなわち「日本市場において、米国への情報開示のシステムを作ること」こそ、ほかならぬ日本自身のためであるという確信を、日本

国内で広く流布させせること
（2）そのために、米国政府として次の三つの手段を実行すること。
・日本人との関係で説得力を持った米国人を日本へ派遣し、宣伝する
・米国人自身は派遣しないが、米国政府の指示を受けて実際に宣伝活動にあたる日本人（エージェント）を確保し、活動させる
・「米政府関係機関」としての看板を掲げない米系第三者機関（いわゆる「フロント企業」を含む）を日本国内に設置し、そこから宣伝活動を実施する

ここで（1）はいわゆる「パブリック・ディプロマシー」一般の問題であり、（2）と（3）は「ヒューマン・インテリジェンス（人的諜報）」の問題であるとも言えよう。

それでは「パブリック・ディプロマシー」という観点から、「構造改革」の必要性を日本人自身に効果的に納得させるためにはどうしたらよいだろうか。それにはまず日本経済について、それを取り囲む外部環境が「激変」したため、日本経済の内部構成要素がもはや時代遅れとなってしまっているという状況を、日本人に明確に知らせることが必要となってくるだろう。その結果、くり返しになるが、次のような認識にまで日本人自身が至ることが望ましい。

「戦後50年を終えた日本経済は、現在歴史的な構造調整期にある。バブル崩壊に伴う調整、

円高や「大競争」時代の中での調整、情報・通信革命時代への調整、人口高齢化への調整等の過去・現在・将来からの挑戦がある。こうしたなかで、日本経済はどこへ向かおうとしているのか、将来がみえない閉塞感にとらわれている。その結果が「驚くべき例外的低成長」である。こうしたなかではっきりしていることは、これまでの経済構造、経済システム、経済政策の体系にギアー・チェンジしなければならないということである。これまでの経済社会の構造やシステムにしがみついていては、日本経済に前途はない。」

（前掲「経済白書」総論）

「構造改革の妥当性について、もはや議論の余地はない」と言わんばかりの断言調が印象的である。このような認識に日本人自らが到達するまで、どういった「外部環境」の作為的な変化があったのかについては、次章で詳しく検証（「アジア通貨・経済危機」「会計制度」）してみることにしたい。

その一方で、こういった認識を誘導するための「言説」を日本社会において流布させるためには、誰かが「語り部」となりこれを宣伝するか、あるいは広まるように工作していく必要がある。では、誰が米国のために日本国内で「語り部」となったり、工作を行なったりしているのだろうか。――ここではまず、この「誰か」を個別具体的に特定することは非常に困難であることを告白しておかなければならない。なぜなら、こうした作業のための要員（ヒューマン・インテリジェンス要員）は、そうである旨の「看板」をぶら下げて日々街を歩いているわけではないからである。

また、明らかにそうだと疑われる場合であっても、一般には検証が困難であることから、いわゆる「スパイ防止法」のない日本の現行法上ではそのような疑いを指摘すると、逆に指摘をした側が「名誉毀損」といった形で反撃を受ける危険性がある。最近、日本ではこの観点から見て勇気ある「労作」が刊行され注目されている（副島隆彦監修・中田康彦『ジャパン・ハンドラーズ』日本文芸社）。

しかし、こうした著作の中には、逆に意図的に誤った情報（ディスインフォメーション）を流布させることで、本当のヒューマン・インテリジェンスが持つネットワークのコアな部分について、粉飾してしまおうとする意図が込められている場合もありうる。これはこれで注意しなければならない。

ましてや、クリントン政権下で米国の対日アプローチが目に見えて変わっていった九〇年代半ばというと、今からすでに十年余り前のことである。誰が、どのような「宣伝」を、どういった指示を受けて行なったのかを立証するのは非常に難しい。

関係者がみな口を閉ざすなかで、日本国内における個別具体的なヒューマン・インテリジェンスのネットワークについて合理的な推論はできても、事実を確かめることはできない。その意味で、こうした当時のヒューマン・インテリジェンスの実態が、歴史の渦の中に徐々に埋もれていくことを止めることはもはやできないのかもしれない。

†明らかに異なる九〇年代前半の状況

だが、これまでの研究によって一つだけ、はっきりとしていることがある。それは、すくなくとも平成バブルの崩壊直後、すなわち九〇年代初頭の日本において、とりわけ政府首脳による政策決定の現場では、こうした米国からのヒューマン・インテリジェンスによる影響がまだ「決定的」ではなかった節があるということだ。

たとえばこの時期、米国側における交渉当事者の一員であったグレン・S・フクシマ（元米国通商代表部〈USTR〉代表補代理）は、その著書『日米経済摩擦の政治学』（朝日新聞社）において、「日本で米国が受けているほどの注目を、米国で日本は受けていない」とくり返し述べている。そしてフクシマのこの作品の中においては、米国への注目のあまり、今にも日米戦争が起きるかもしれないと情緒的になりがちだった日本との対比で、米国は交渉のテーブルにおける主張こそ激烈だが、あくまでもビジネスライクでクールであったとの評価が述べられるのである。

しかし、こうしたフクシマの主張は、九〇年代前半において米国が日本政府首脳部に対し、メディアを通じたパブリック・ディプロマシーを含めた意図的な「策動」を、何ら行なっていなかったということを立証するものではない。むしろ、今からふり返ってみると、この時期は平成バブルが「破裂」し、日本経済が大混乱に陥る（あるいは「陥らされていく」）時代であり、日本市場は絶好の「草刈場」、「仕込みどころ」であったはずだからだ。

したがって、そこでは「混乱」を収拾することが米国の目標とはならない。むしろそれを「拡大」させ、そこから脱却するための唯一の処方箋として、かつては「超合金」とまで揶揄された日本の政治・経済システムに「構造改革」という悪魔のマジック・ワードをさらに刷り込んでいくことが、米国にとっての目標となるのである。

九〇年代前半について、現在流布している多くの研究は、この時期が「失われた十年」のまさに端緒にあたる時期だとして、当時の日本側政策担当者の「鈍感さ」を非難するものが多い。この時期の金融・財政政策の処理は名実共に大蔵省（当時）の手に委ねられていたが、金利引き上げのタイミングやスピード、土地価格規制、土地価格の算定方法、情報開示や不良債権処理などをめぐって、これまで大蔵省はさまざまな批判を浴びてきた。

ここでいきなり九〇年代前半の日本政府の対応について検討する前に、それ以前の状況を少しだけふり返ってみることにしよう。まず最初に、この時期に先立つ八〇年代後半には「円高不況」解消のための金利引き下げが強行されたこと（公定歩合は一九八五年に五パーセントであったのが、一九八七年二月までに二・五パーセントまで引き下げられる）を指摘しておかなければならない。その決定的な契機の一つとなったのが、一九八五年秋の「プラザ合意」である。

他方で、日米経済摩擦の激化は、「前川リポート」（一九八六年）に結実する「内需主導型の経済成長論」を生むと同時に、緊縮財政を強いるものであったが、逆に金融政策は「超緩和」とでもいえるほどの傾向で推移した。これが後に資産価格のバブルを生み出すことになっていく。

しかし、一九八六年十一月から始まる「バブル景気」は一九九一年に山を越え、日本経済は長期低迷（バブル不況）へと一気に突入していくことになる。これを加速させる一つの要因となったのが、急激な金融引き締めや不動産融資への「総量規制」であったことは、今日、この時代をふり返る研究の中でしばしば指摘されているとおりである。

このような土地価格の大幅な下落が生じたことによって、土地に対する「期待利潤率」は大きく誤って予測されていたこととなり、この時期の不動産投資の主体であった国内非製造業部門の「資産」総額は大幅に下落してしまう。その結果、これらの企業へ不動産を担保に多額の貸付を行なっていた国内銀行セクターが回収不能な多額の債権を抱えた。これが、いわゆる「不良債権問題」である。

不動産向け貸出残高寄与率と六大都市市街地（商業地）価格上昇率

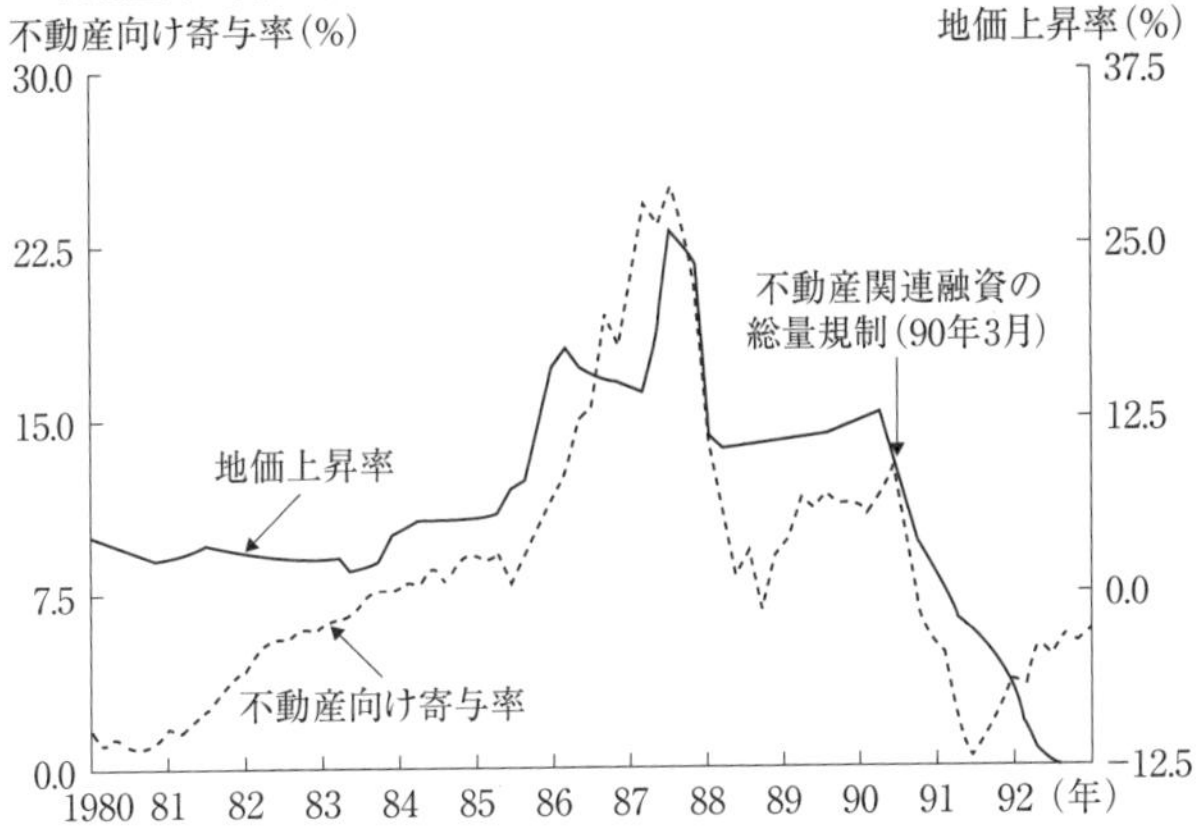

出典：橘木俊詔編『戦後日本経済を検証する』東京大学出版会

後日、非常に興味深い「事実」として指摘されるのが、一九九四年頃まで、金融・財政当局である大蔵省のみならず政府関係者の多くが、こうした「不良債権問題」の深刻化を「危機」として認識していなかったのではないかということである。それと同時に、いわゆる「自民党軽井沢セミナー」（一九九二年夏）において、宮澤喜一総理大臣（当時）だけは、不良債権処理のため銀行に対する「公的支援」に言及したことも、「特異な現象」として注目されている。

なぜ宮澤首相だけが当時、公的支援を主張したのだろうか。――アカデミズムの観点から意欲的な研究を行なった杉田茂之（前掲論文）は、「宮澤氏による少なくとも五回に及ぶ「公的支援」に関する公式発言は、確固たる信念と実態認識、さらにそれを裏付ける確かな情報があっ

(%)

不動産向け貸出	その他向け貸出	商業地地価	住宅地地価	工業地地価	特記事項
18.82	12.86	13.2	5.5	3.7	
17.09	11.89				景気の山
19.07	11.75	15.7	6.6	3.2	
22.61	12.18				プラザ合意
25.67	11.60	28.8	9.6	4.9	
29.90	11.37				
32.72	11.21	37.2	19.7	7.8	
34.80	11.31				景気の谷
37.02	10.97	33.8	27.0	17.1	ルーブル合意
36.62	11.88				
32.63	11.96	46.8	30.7	28.0	ブラックマンデー
21.24	12.23				
13.57	12.82	41.8	23.2	19.3	
10.64	12.00				金融引締め
9.42	11.46	24.8	11.1	21.5	
13.10	9.97				
14.59	9.70	25.1	15.3	33.0	株価急落
14.62	9.88				
14.27	9.89	25.9	25.3	31.1	
14.13	10.29				
15.11	10.71	27.6	33.1	29.5	不動産融資の「総量規制」通達
11.50	10.80				
6.82	9.99	18.4	23.8	18.7	
4.44	9.04				
1.10	6.38	3.3	2.1	3.8	
2.77	5.31				
4.33	4.49	−5.4	−9.7	−5.3	金融緩和
5.92	3.60				「総量規制」撤廃
6.49	3.30	−15.3	−17.9	−13.1	地価税導入
6.86	2.84				
7.41	1.94	−22.5	−20.6	−15.0	

出典：橘木俊詔編『戦後日本経済を検証する』東京大学出版会

1985-92年の金融政策および地価

年期	公定歩合	コールレート	ハイパワード・マネー	マネー・サプライ (M_2+CD)	全銀貸出
1985 1	5.0	6.42	6.52	8.22	13.24
2	5.0	6.13	6.67	8.17	12.23
3	5.0	6.41	4.33	7.81	12.24
4	5.0	8.02	3.50	8.64	12.88
86 1	4.0	5.53	5.49	8.39	12.54
2	3.5	4.39	6.40	7.99	12.63
3	3.5	4.63	5.64	8.95	12.71
4	3.0	4.18	8.97	9.38	13.01
87 1	2.5	3.85	10.20	8.96	12.92
2	2.5	3.16	11.85	10.66	13.82
3	2.5	3.39	14.61	10.54	13.66
4	2.5	3.81	10.86	10.78	13.01
88 1	2.5	3.52	11.20	12.12	12.89
2	2.5	3.42	10.09	10.53	11.87
3	2.5	3.88	11.00	11.14	11.26
4	2.5	4.04	11.76	10.41	10.26
89 1	2.5	4.01	12.40	9.80	10.15
2	3.25	4.85	10.23	10.11	10.32
3	3.25	5.28	11.40	9.49	10.30
4	4.25	6.29	11.94	10.59	10.66
90 1	5.25	6.65	9.87	12.05	11.13
2	5.25	7.20	11.67	12.88	10.87
3	6.0	7.57	9.58	12.20	9.68
4	6.0	8.15	7.72	9.12	8.59
91 1	6.0	8.19	3.35	6.04	5.86
2	6.0	7.96	2.80	3.28	5.06
3	5.5	6.97	0.09	2.82	4.48
4	4.5	6.25	−2.55	3.06	3.82
92 1	4.5	5.55	−2.51	2.28	3.60
2	3.75	4.69	−3.48	1.85	3.22
3	3.25	4.10	−1.49	0.24	2.46

たと考えざるを得ない」と断言する。

この研究によれば、宮澤首相に対し「不良債権問題」の危険性を注意喚起したルートは、国内外に十一通り存在するという。なかでもひと際目立つのが「海外メディア、外国人からの警鐘」だったというのである。そして、それらはいずれも米国および英国系の企業・メディア（ムーディーズ社、フィナンシャル・タイムズ紙、エコノミスト誌、マッキンゼー社、ゴールドマン・サックス社、ソロモン・ブラザーズ社など）であった点が注目される。

この「事実」の背景について、公開資料のみを用いた杉田の研究においてさらに踏み込んだ言及はない。これまで述べてきた私自身の分析の延長線上でいえば、当然、この事実だけをもってしても、これは米国およびその周辺国による「パブリック・ディプロマシー」の典型であったに違いないということになる。しかし、当時から十五年弱が経過した現在、もはやこのことについてこれ以上、日本側から厳密な検証を行なうのは不可能だというのが率直な印象でもある。

もっとも、あきらめるのはまだ早いのかもしれない。まずは本書の基本的なトーン、すなわち「客観的な事実だけを積み上げて、そこに瞬間的な影を見つける」という態度にあらためて戻ってみよう。すると、この「宮澤発言」の直後に重大な事実を見つけることができるのだ（以下は主に上川龍之進「金融危機の中の大蔵省と日本銀行」［村松岐夫編著『平成バブル先送りの研究』東洋経済新報社」を参照)。

一九九二年八月十七日。それに先立つ十一日に東証平均株価は一万五千円を割り込み、日本経済が奈落の底へ落ちる一方であることを告げていた。そんな中、宮澤総理と静養先の軽井沢で面会した中島義雄総理秘書官(大蔵省〈当時〉出身)は、宮澤総理に対し、東京に戻ることを思いとどまるように必死の説得を行なった。

なぜなら、宮澤総理は三重野日銀総裁(当時)とも示し合わせの上、金融安定化のため「必要な手を打つこと」を決意していたからだ。宮澤総理がそこで考えていたのは、「東京証券取引所の緊急閉鎖」、「金融システム危機宣言」そして「不良債権処理のための公的資金投入」であった。こうした宮澤総理の「決意」の背景となった「状況認識」を植えつけたのは、海外メディアや外資系企業が当時、発していた不良債権をめぐる情報であったとの分析があることは、先ほど述べたとおりである。

中島秘書官は宮澤総理に対し、東京へ戻ることを踏みとどまらせるのと同時に、大蔵省銀行局が作成した「金融行政の当面の運営方針」と題するペーパーを提示した。そこには「公的資金ではなく、民間銀行の資金を原資として金融機関の担保不動産を購入すると同時に、土地の買取機構の設置を検討する」と記されていたという。これには株価対策についても、種々の政策案が盛り込まれていた。説得に及ぶこと約半日。宮澤総理は結局、帰京を断念し、翌十八日、大蔵省は「金融行政の当面の運営方針」を正式発表した。

こうして宮澤総理の「決意」は、皮肉にも同総理の出身官庁によって阻まれることになったわけである。宮澤総理の憤懣《ふんまん》たるや、想像に余りあるものがある。実際、宮澤総理は同年八月三十日に行なわれた自民党軽井沢セミナーの場で、ふたたび「公的資金投入の可能性」について言及したほどだ。しかし、大蔵省は自民党サイドと共同歩調で、こうした総理の「危機意識」と「決意」を徹底的に潰《つぶ》しにかかる。こうして、それから実に四年が経過した一九九六年に住専問題処理を目的とした公的資金投入が決定されるまで、大蔵省による徹底した工作活動が続けられることになるのである。

ここで注目したいのは、しばしば言われるような「国家官僚の危機認識レベルの低さ」ではない。むしろ重要なのは、海外メディア・企業が日本政府首脳に対し早期に「危機意識」を植えつけようと盛んに努力していたにもかかわらず、結果としては総理でさえ、官僚制あるいは自民党という日本型システムの「壁」を打ち破れなかったという「歴史的事実」である。

もちろん、宮澤総理の「決意」が「現実」にならなかった背景には、党内ポリティクスをめぐる状況や、その後の細川政権の成立（一九九三年）に至る「平成維新」の大きな流れがある。そこでは不良債権問題が政策イシューとして認識されてはいても、「まだそれほど深刻な問題ではない」と後回しにされていたにすぎないという事情もあろう。

しかし、それでもなお、海外メディア・企業が「危機意識」を盛んに植えつけようとしていたにもかかわらず、結果として「公的資金投入」が実現しなかったという「事実」は残るのである。そこから、宮澤総理の「決意」に必死に抵抗した日本型システムの住人・番人たちは、こうした「呼びかけ」を認識してはいても、それによって操作されるものではなく、むしろこうした外国からの声・要求からは自由な存在だったということができるのではなかろうか。

つまり、この「総理の挫折」という事実は、米英系メディア・企業の当時の動きに象徴されるこれら諸外国の「国家戦略」からは、まだ比較的自由であった日本における政治上のアクターの存在をくっきりと浮かび上がらせるのである。したがって、先ほど述べたとおり、やがて日本を「利益確定」の対象とするところまで持っていく米国としては、言うことを聞かない人たちを徹底して排除したいと望んだに違いない。

ちなみに中島義雄総理秘書官は「不明朗な資金提供疑惑」を理由に、一九九五年に大蔵省キャリアの座を追われ、下野することになる。また一九九二年当時、公的資金投入に最も反対した人物のうち加藤紘一官房長官、小沢一郎竹下派会長代行（いずれも当時）も、やがてメインストリームから姿を消すことになる。

†日本の無意識化への着手

このように自立性が依然として高かった政・官エリートを抱えていた日本社会を突き崩し、丸裸になった日本を「利益確定」の対象とするための具体的な方法こそ、「パブリック・ディプロマシー」の展開と「ヒューマン・インテリジェンス」の充実という車の両輪なのである。なぜなら、「日本経済を取り囲む外部環境はもはや変わった」と喧伝し、だからこそ、その「構造改革」こそ急務であると国の内外から、メディアあるいはヒトの口を通して日本社会へと間断なく注ぎ込むことによって、日本社会はようやく自分でネジを巻き始めるからである。

そして自ら「ネジ」を巻き始めた日本の目に、米国の姿は次第に映らなくなる。なぜなら、そこにある経済問題はもはや「日米問題」ではなく、純粋に「国内経済問題」であり、日本が自分自身で解決を急ぐべきものだからだ。ましてやそれが、「外部環境」に乗り遅れたために生じている問題なのだとすると、ここで日本特有の「恥」のメカニズムが稼動し、問題を中へ中へと押し込め、国内における犯人捜し(「内ゲバ」)を始めることとなる。

私は、最終的に「年次改革要望書」に象徴される「利益確定」へと至るこうしたアプローチへと米国が対日政策を大幅に転換し、「パブリック・ディプロマシー」と「ヒューマン・インテリジェンス」の拡充のための集中的な投資を開始し始めたのは、九〇年代半ばではなかったかと見ている。もちろん、この時期以前にも米国が日本においてこうした二つのアプローチをとっていなかったのかといえば、そういうわけではない。

たとえばパブリック・ディプロマシーについては、東京で行なわれた日米包括協議の模様を伝えた在京米国大使館発国務省宛公電（一九九三年十一月二十九日付）の中に、米国を動かす「奥の院」からは最も距離の遠いところにいることが多いと聞く国務省でさえ、パブリック・ディプロマシーに関与していたことを示唆する興味深い記述がある。

「主要なオピニオン・リーダーや世論の態度は、ゲームの終わりで重大になってくるだろう。日本で尊敬されているアメリカの学者やビジネスマンを、包括協議の背後で動員することが重要となる。彼らは日本のカウンター・パートたちに個人的にも公式にも彼らの見解を知らしめることを奨励されるべきだ。バグワティの手紙は当地でわれわれの立場を極めて悪くした。大蔵省は最近、MIT〈マサチューセッツ工科大学〉のエコノミストであるポール・クルーグマンが包括協議のプロセスの「結果重視」に鋭い批判を向けた『週刊東洋経済』十一月二十日号のインタビューを回覧している。米政府もこのレベルに関与する必要がある。」

（軽部謙介『ドキュメント機密公電―日米経済交渉の米側記録は何を語るか』岩波書店）

もちろん、ここで言っているのは、米国の主張だと分かる論調を米国人の口・手を使って発信するという、いわば「正面突破」攻撃にすぎない。その意味でこれは、日本につくった第三者機関（たとえば民間企業、広告代理店）や個人としての日本人エージェントを用いながら、同じ内容を米国の主張としてではなく、あくまでも「日本人の主張」として発信するという、現在は主流のやり方とはかけ離れた「幼稚」なものではある。しかし米国が、パブリック・ディプロマシーをこの段階で対日政策の観点から明らかに意識していたということは、ここで記憶にとどめておくべきだろう。

また、実際に現地（日本）における人的ネットワークの獲得と、そこからの情報収集（ヒューマン・インテリジェンス）についても、すでに基本的な発想を九〇年代前半の対日政策の中に見出すことができる。たとえばフクシマは、とかく米国人を職種によって差別しがちな日本人を引き合いに出しながら、ある米国有名大学の学長による次のような言葉を引用している。

「知識は全人類のものであり、その人の国籍・職業によって留学生を区別して扱うことはできない。たとえ日本の官僚であれ、競合企業の技術者であれ、留学生である以上情報を制限すべきではない。」（前掲『日米経済摩擦の政治学』）

この頃（九〇年代前半）になると、こうした「寛容さ」に惹《ひ》かれて米国へ留学し、帰国した学者たちが、たとえば日本の「最高学府」＝東京大学の教壇においても、ちらほらと目立ち始めた。彼らが盛んに喧伝する米国仕込みの数理分析的なアプローチを用いた「政治学」に、（米国のバックグラウンドを持たない）某教授が苦虫を噛みつぶしたような表情でコメントしていたことを、当時、学生だった私は今でもはっきりと覚えている。思えばこの時から、日本のアカデミズムにおけるヒューマン・インテリジェンスのネットワークはつくり上げられていったのだろう。

だが、これらはいずれも日本における社会現象の「一部」にすぎない。九〇年代前半においては米国による直接的な操作からは比較的自由な、それまでの「戦後日本」の営みが依然として続けられていた。そうである以上、パブリック・ディプロマシーにせよヒューマン・インテリジェンスにせよ、「超合金」と揶揄された日本型システムの中へ最終的に突き進むには、「革命」とでもいえるような衝撃の到来を待たなければならなかった。

そして九〇年代も後半に差しかかろうとする頃、いよいよその「革命」に値する二つの衝撃が日本を襲うことになる。——「アジア通貨・経済危機」、そして「ＩＴ革命」である。

第三章

アジア通貨・経済危機の真相

†「書割変更」としてのアジア通貨・経済危機

前章で、日米間に恒常的に存在するはずの経済摩擦を日本側において「無意識化」させ、それによって日本そのものを密やかに「利益確定」するため、米国がいくつかの方策を取り始めたと述べた。その一つが日本を取り巻く外部環境を大きく揺さぶり、その結果、「環境が変わったから構造も変えるべし」との論調をシャワーのように日本人に浴びせるという「パブリック・ディプロマシー」である。

この「パブリック・ディプロマシー」が盛んになるのが九〇年代中盤以降である。当時のこのような状況は、たとえて言うと、「歌舞伎役者」として歌舞伎の舞台だと思って舞台に立っていたら、いきなり「書割《かきわり》」が変わり、オペラのセットになったというようなものではないかと私は考えている。

歌舞伎といえば、日本が世界に誇る伝統芸能だ。しかし、オペラの中に歌舞伎役者が出てきたら、悪い冗談かよほどのアヴァンギャルドでしかない。歌舞伎役者は正気である限り、間違いなく舞台裏へそそくさと駆け込み、化粧を落とし台詞を覚えなおしつつ、洋風で立派な衣装へ替えた上で、慌てて舞台へ駆け上ろうとすることだろう。そこには誰が何と言おうと、書割に自らを合わせようとする哀れな役者の姿があるはずだ。

書割が歌舞伎からオペラへと突然反転したのは、他ならぬ舞台監督、そして演出家の企《たくら》みだったはずである。しかし、舞台の上に彼らの姿はない。そこにはただただ「恥」を隠し、ちょん髷《まげ》のままでもオペラ歌手の振りをしようと必死な歌舞伎役者がいるだけだ。

九〇年代中盤に入っても、日本経済はいっこうに回復の兆しを見せなかった。むしろ、資産価格の急激な下落が消費や投資にマイナスの影響を与える「逆資産効果」と、不動産価格の下落による不良債権問題の発生により銀行が貸し出しや投資を渋る「クレジット・クランチ」という二つの現象が依然として続いていた。そのようななかで、公的資金投入による金融機関の救済へと日本政府が本腰を入れ始めたのは、一九九六年になってからであることは前章で述べたとおりである。産業競争力の低下、高齢化、そして不確実性の増大といった現象が折り重なり、日本社会はさらに迷走することとなる。

こういった状況において突如として発生したのが、九七年夏から生じた「アジア通貨・経済危機」であった。輸出主導の日本経済にとって、主な相手国・地域であるアジア各国における突然の経済崩壊は、先ほど述べた舞台上の「書割の変更」とでも言うべきインパクトを日本に対して与えた。

日本企業にとって大きな輸出先であるこの地域から、日本への富の移転が滞ったということだけではない。より深いところで「アジア経済はそもそも構造が「誤って」おり、それを構造改革することによってしか復活への道はない」とするＩＭＦ主導型の「構造改革」が、思想として日本にも押し寄せてきたからだ。

東アジア諸国は長期にわたる経済発展により、「優等生」として世界中からもてはやされてきた。実際、一九九四年末のメキシコ通貨危機の際にも、アジアでは同種の危機は起こらないと喧伝されていたくらいであった。事実、アジア経済の勢いは、問題となる一九九七年まで圧倒的なものであったことも知られている。

そうであるにもかかわらず、穏やかな風景を描いた「書割」が目の前でいきなり反転してしまったのだから大変だ。当時の日本でも、橋本龍太郎総理大臣が率いる内閣の下で、「反転した「書割」にどうやって適応すべきか」が大変な議論となり、混乱したことは記憶に新しい。

†危機の首謀者は誰か

「書割」が反転したからには、誰かがそう仕組んだに違いない。――アジア通貨危機が発生した直後から、そんな「犯人捜し」が盛んに行なわれ、第一章で述べたような「米国陰謀論」が頻繁に聞かれるようになった。

もっとも、危機発生から八年あまりが経過した現在では、ジャーナリスティックな論調を除

アジア地域へのネット資本流入

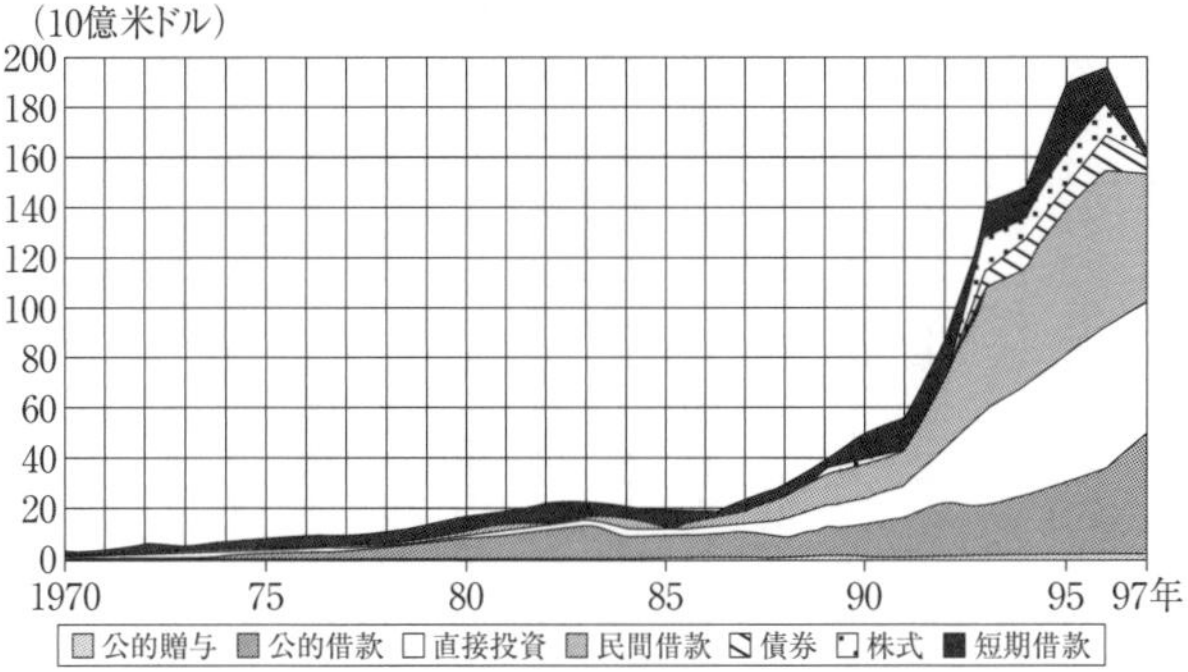

(出所 ── World Bank, *Global Development Finance*, 1998.)

ラテンアメリカ地域へのネット資本流入

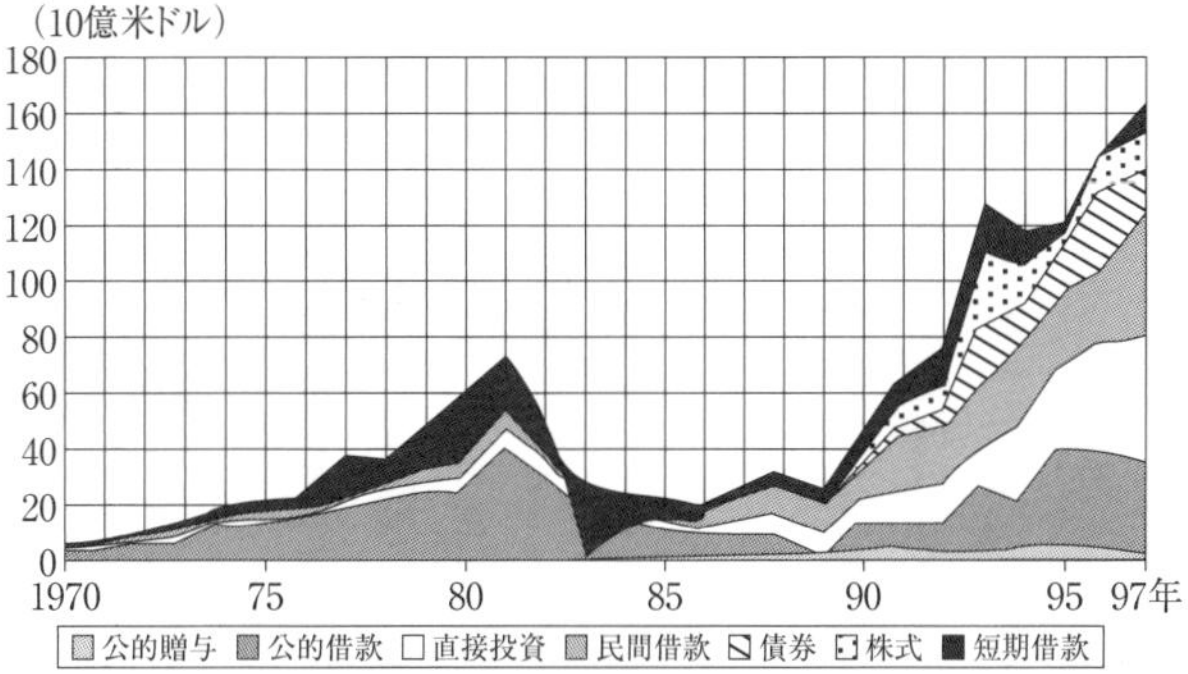

(出所 ── 同上)

出典：国宗浩三編『アジア通貨危機』アジア経済研究所

くと、あからさまな「陰謀論」は鳴りを潜めている。その代わりに、ある種の陰謀論的解釈を含めた、いわば「混合要因説」とでも言えそうな論が語られるようになった。「アジア通貨・経済危機」の要因は複数あるとし、そのいずれもが「通貨危機」、すなわち急激で大幅な資本収支の黒字から赤字への反転に、為替レートが激しく下落したことの理由を求めるものである。

その中でまず第一に挙げられるのが、ASEAN諸国では経常赤字が恒常化しており、これが引き金となって危機が生じたという説である。各国ごとに状況は微妙に違うものの、九〇年代に入るとASEAN諸国がいずれも巨額の経常赤字を抱えていたことは事実である。

しかし、経常収支だけでこれらの諸国の経済状況を判断するのは、日米経済関係を「経常赤字」だけで判断することと同じく、無意味とは言わずとも不十分である。実際、当時のASEAN諸国における経常収支と資本収支を合計した「総合収支」の動きを見ると、一貫して黒字基調にあり、外貨準備は増大している。

つまり、巨額の資本流入が「通貨・経済危機」に先立って生じていたわけで、そもそもASEAN諸国の経常赤字こそが問題だったのであり、またその経済はリスクのある経済だったのだという主張には難がある。なぜなら、純粋な「経済的合理性」に則って考えると、そのようなリスクのある危ないところへ、そもそも海外から資本が注ぎ込まれるはずがないからだ。

大量の資本流入こそが「危機」の直前のASEAN諸国の繁栄を支えていたことを踏まえる

と、経常収支が赤字だったから通貨危機、すなわち資本収支の「急激な反転」が生じたのだとは断定できなくなる。経常収支が赤字であっても資本収支が黒字である以上、「危機」はすぐには生じないからである。

そこで第二に挙げられる説が、アジア諸国の経済には「構造的な後進性」があり、それが引き金となって通貨・経済危機が生じたという説である。これにはさらに、成長率の限界を問題とする説、同族や血縁で固めた「仲間内資本主義（クローニー・キャピタリズム）」とそれに伴う企業統治（コーポレート・ガヴァナンス）の欠如が問題であるとする説などがある。とりわけ後者については、「アジア的なるもの」こそが元凶であり、そこから必然的に派生する情緒性、非合理性、不透明性が最終的に経済崩壊の原因となったと強い口調で語られることが多い。

しかし、これらのいわば「内因説」の代表ともいえる説については、それぞれ現象としてうなずける点がないわけではないものの、どうしても最後まで納得のいかない点が一つある。それは、「なぜそこまで後進的でリスクの多い経済だというのに、危機が生じる前の時期に、日本のみならず欧米の投資家たちはASEAN諸国への投資を盛んに行なったのか」ということである。

くり返しになるが、九〇年代を通じ、これらの国々では資本収支が黒字であったことを忘れてはならない。そして、この疑問に答えることができない以上、実は「構造」を理由とする内

国際収支（フィリピン）

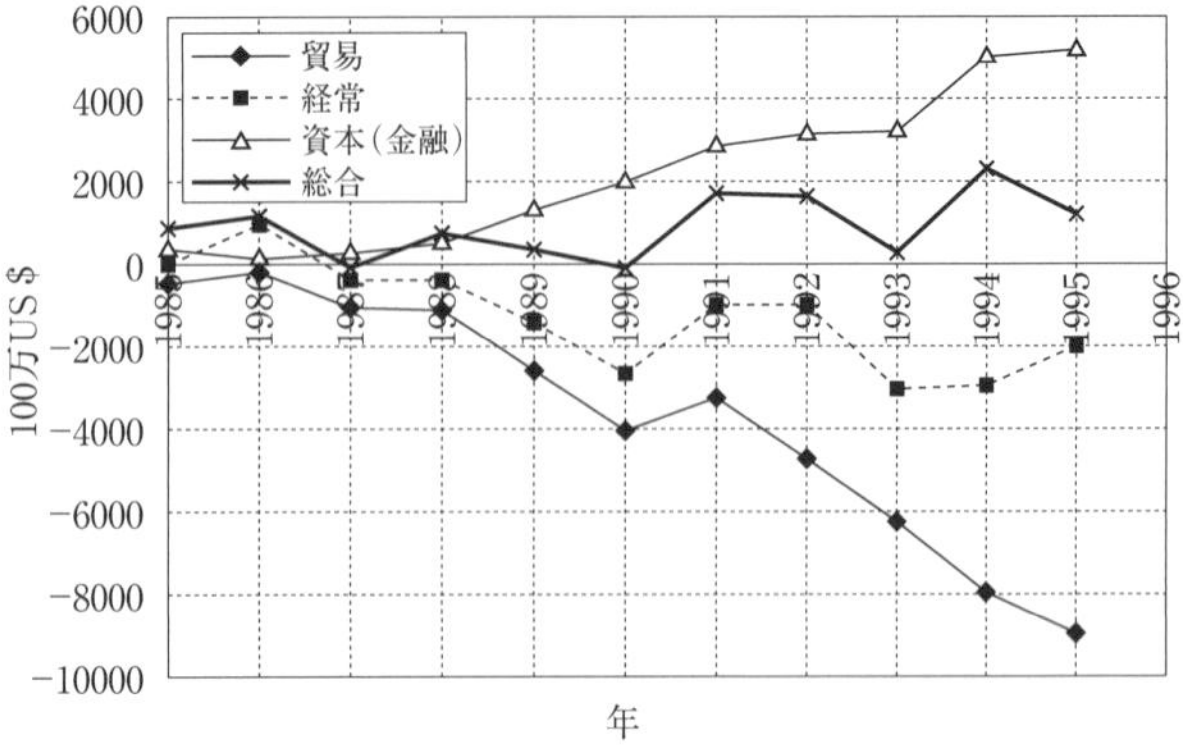

（出所 ── 同左）

国際収支（インドネシア）

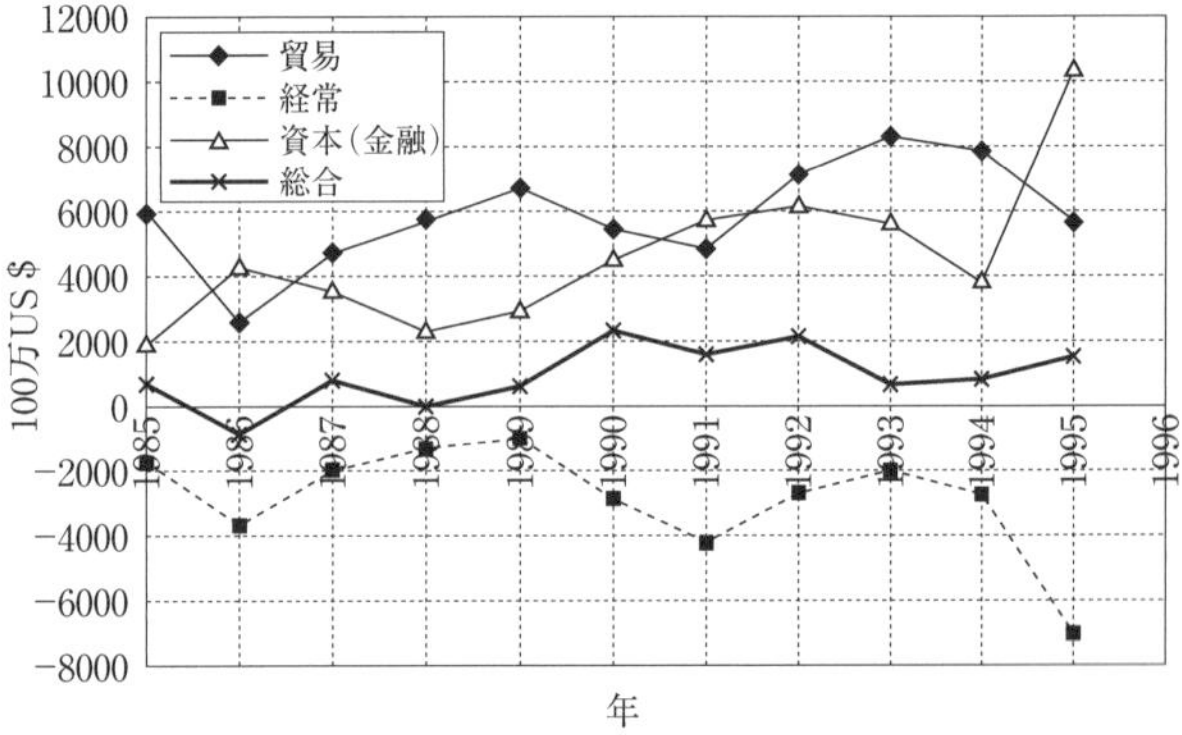

（出所 ── 同左）

出典：『97年アジア通貨危機』アジア経済研究所

国際収支（タイ）

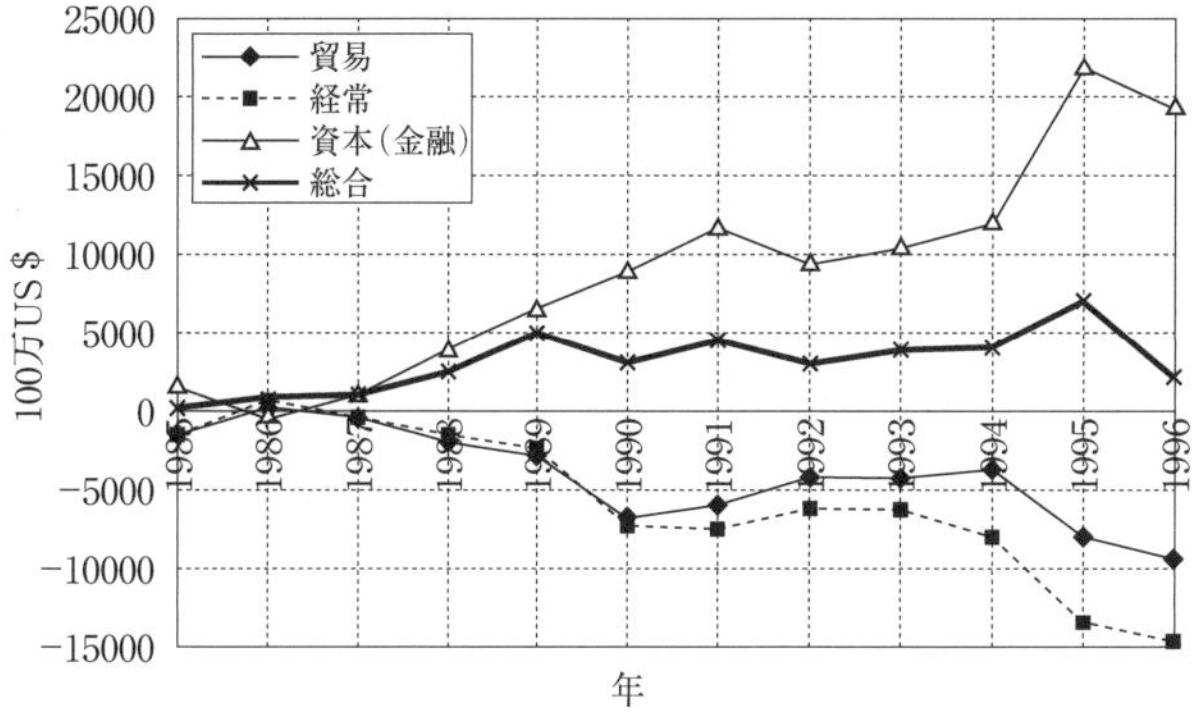

（出所——IMF “International Financial Statistics”）

国際収支（マレーシア）

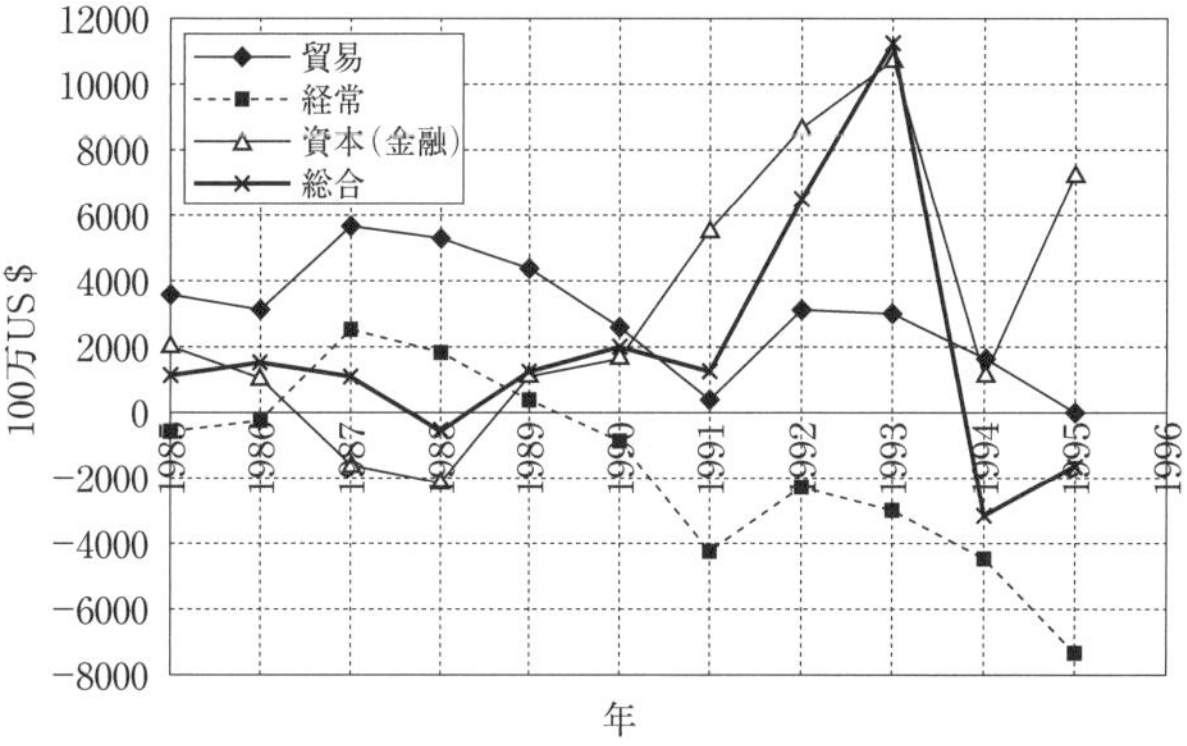

（出所——同上）

アジア諸国・地域の経済成長率

(%)

	1995	1996	1997	1998	1999	2000	2001
香港	3.9	4.5	5.0	−5.1	3.0	10.2	4.7
インドネシア	8.2	7.8	4.7	−13.2	0.2	4.8	4.7
韓国	8.9	6.7	5.0	−6.7	10.7	9.3	6.7
マレーシア	9.8	10.0	7.5	−7.5	5.4	8.8	7.1
フィリピン	4.7	5.8	5.2	−0.6	3.3	4.0	3.5
シンガポール	8.0	7.5	8.4	0.4	5.4	9.6	6.9
台湾	6.4	6.1	6.7	4.6	5.7	6.5	6.1
タイ	8.9	5.9	−1.7	−10.2	4.2	4.9	4.8
中国	10.5	9.6	8.8	7.8	7.1	8.1	8.0
ベトナム	9.5	9.3	8.2	5.8	4.8	6.6	7.2

（出所――ADB, *Key Indicators of Developing Asian and Pacific Countries*. 2000年, 2001年はアジア経済研究所の予測。

出典：国宗浩三『アジア通貨危機と金融危機から学ぶ』アジア経済研究所

因説も説得力の乏しいのである。

第三に語られるのが、マハティール・マレーシア首相を筆頭とするアジアの論客が主張する「投機家悪者説」である。マハティール首相が当時、ヘッジ・ファンドの神様と呼ばれたジョージ・ソロスこそ、アジアの危機を引き起こした元凶だとくり返し連呼したことを覚えている読者も多いだろう。

しかしこれに対しては、アカデミズムの側から反論の声が大きい。その主張はさまざまであるが、一言でいうと、「通貨危機」が資本収支の急激な反転である以上、たとえソロスほどの「大投機家」であっても、一国の資本収支全体の流れを変えるほどの資金量を持ちうるはずがないというのである。また事実の問題として、タイ・バーツの下落に際しては、ソロス自身、バーツのショート（売り）のポジションをとっていたことを認めてはいるものの、バーツ下落の大部分は、ソロスが投機の利益を実現した後に起こっていることから、「ソロスが下落させた」と断言するのには躊躇《ちゅうちょ》せざるをえない。

もちろん経済、とりわけ金融の世界で「確実性」は存在しない。すべての参加者が漠然と未来を予測して行動している場所、それが金融市場である。そうなると、とりわけ行動基準となる「情報」に乏しい者は、ソロスのように「情報」に富んでいると思われる者の投資行動を模倣しようと躍起になり、結果的に雪崩《なだれ》のような資金移動が生じるということは理論的にはありうる（「群集行動」）。しかし、そうであってもなお、危機そのものをソロスが引き起こしたと断言することはできないし、ましてや「群集」の誰と誰が最終的に責任を負うべきだと判断することはまったくできないのだ。

また、メキシコ通貨危機（一九九四年）の時には、経営権の獲得を目的としない証券の取得、すなわち「ポートフォリオ投資」が盛んに行なわれ、短期的な資金移動が頻繁に生じたことが危機的状況を招いたのだとの非難が巻き起こった。ところが、これはASEAN諸国における危機については当てはまらない。ポートフォリオ投資の影響はむしろ軽微であった。

このように、考えうるさまざまな要因を列挙した後、たいていの場合、アカデミズムの中では思考停止に陥ってしまう。これらの議論はいずれも、とどのつまり「そうだったからそうな

資本収支（フィリピン）

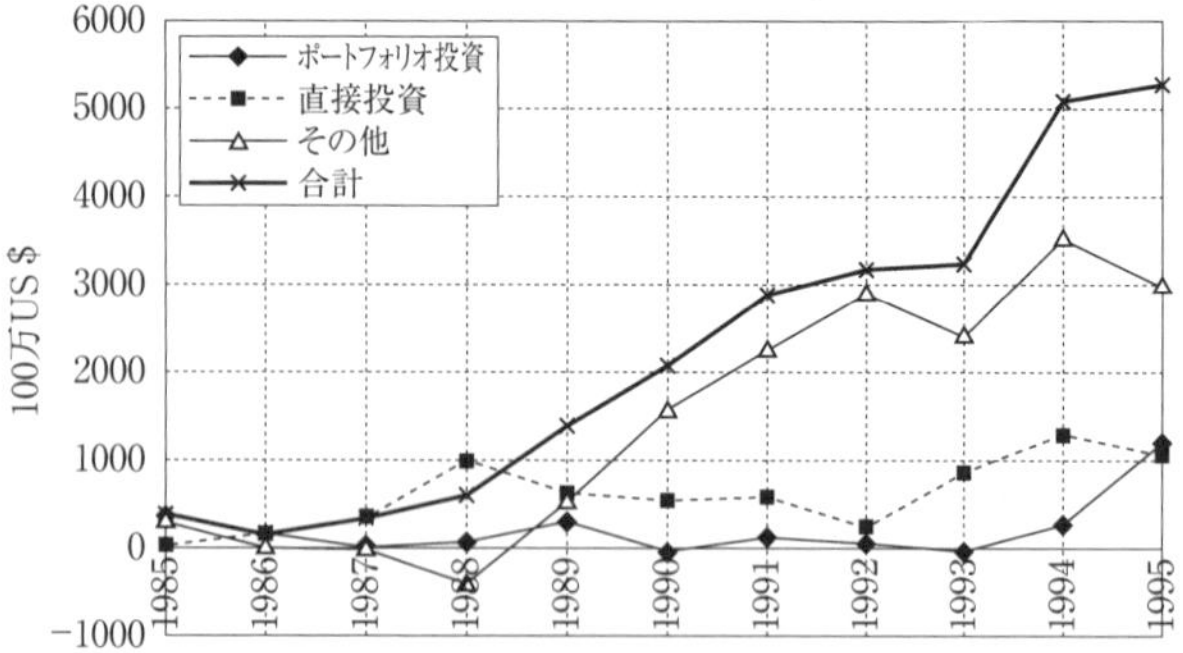

（出所 ―― 同左）

資本収支（インドネシア）

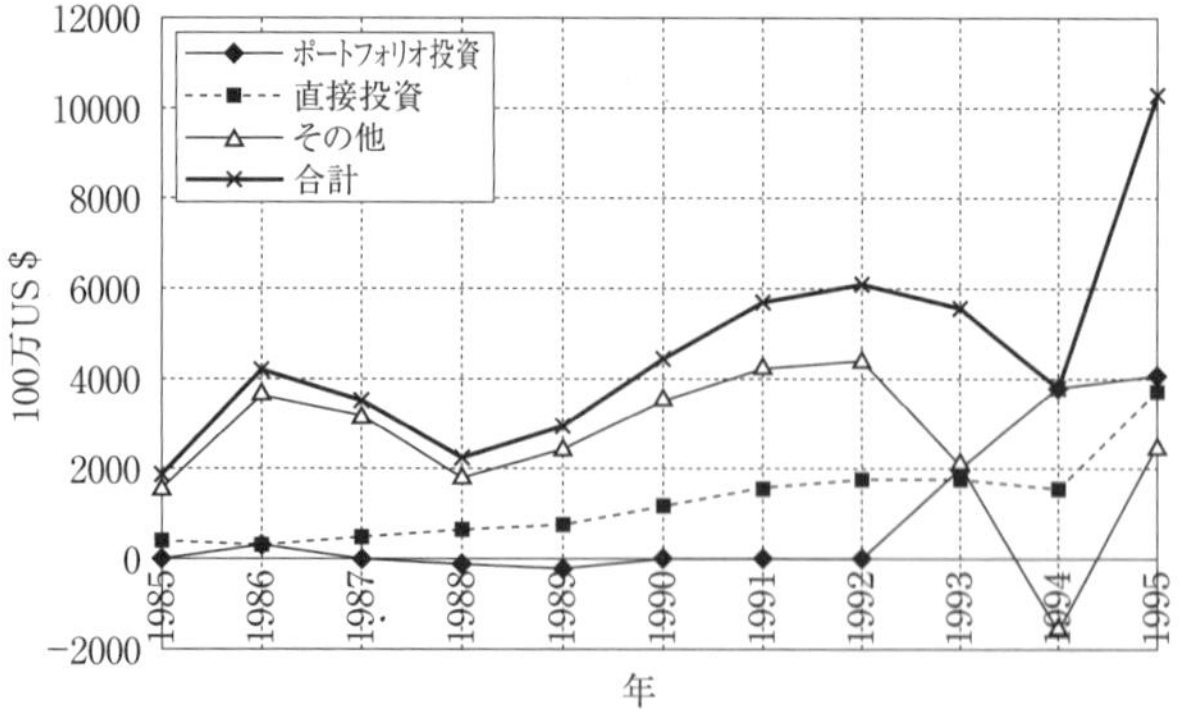

（出所 ―― 同左）

出典：『97年アジア通貨危機』アジア経済研究所

資本収支（タイ）

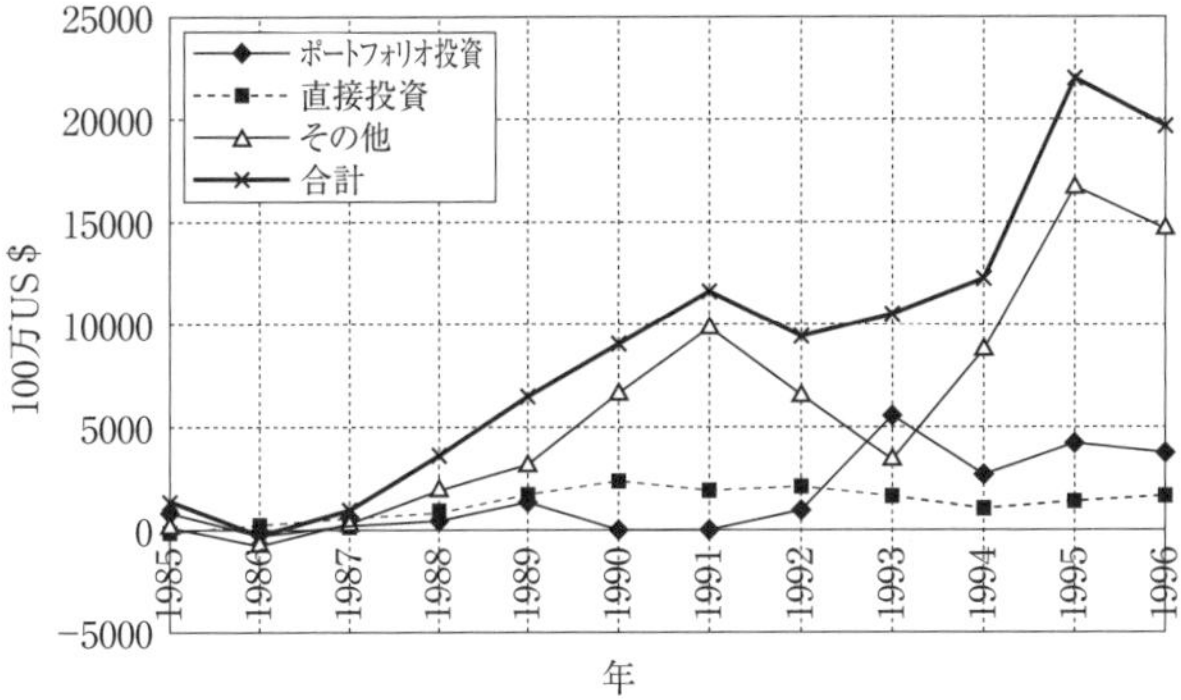

（出所――IMF "International Financial Statistics"）
＊ 銀行ローンは「その他」に含まれる。

資本収支（マレーシア）

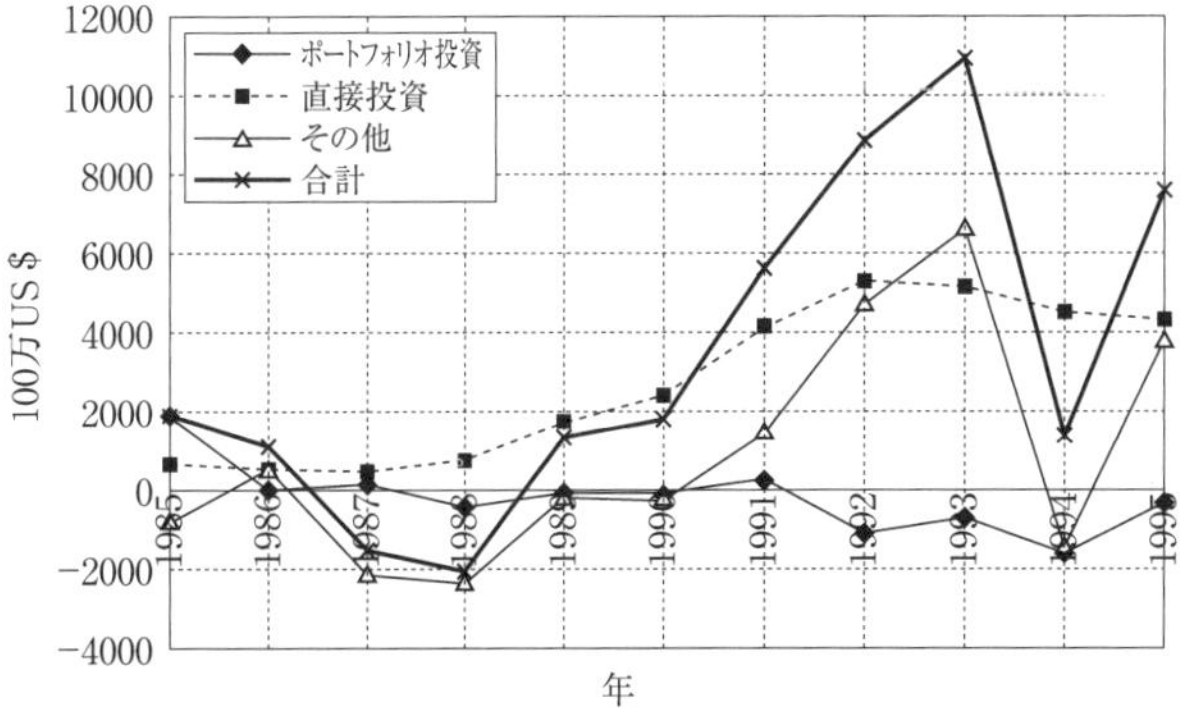

（出所――同上）

ったのだ」という、ある種のトートロジーに終始するものだからだ。その意味でこうした議論は、日米経済摩擦が「消えた」理由について前章で紹介した日本政府の「公式見解」とまったく同じである。

勇気ある者は、こうした「トートロジー」に入る直前に、さらにもう一つの「変数」があり、その値が何らかの理由で変化したために一気に「危機」のスパイラルが回り始めたことを示唆するが、その「何か」までは示すことができない。――その理由は簡単だ。その「何か」を生じさせた行為者は、その「影」すら跡形もなく消し去っているからである。

ちょうど本書の執筆中、マーケットの最前線で活躍しているファンド・マネージャーの親友に、「なぜ、アジア通貨・経済危機が生じたのか、最後の瞬間を追い詰める前にアカデミズムでは思考停止に陥ってしまっている」と問いかけてみた。すると彼は大笑いしながら、こう答えた。

「学者の人たちが考えるほど難しい話じゃないよ、この問題は。国際的な金融資本が、狙いをつけた地域に対して、あらかじめ大量の資本をやり過ぎなくらい投下しておきながら、ある時、その流れをいきなり止めてしまうんだ。そうなると、資本収支が黒字であり続けることを前提として回っていた経済の流れがいきなり逆流し始める。この逆流に経済がパニックして生じるのが危機というわけさ。中南米であれ、ロシアであれ、みんな同じだよ。マーケットでは常識なんだけれどもね」。

「マーケットの常識」が世の中では「常識」とはなっていないのが、残念ながら世界の現状なのだ。しかし、いくら「常識」といわれても、今となってはここから先に入り込むことはまったくできない。すくなくとも対外的にトレース（追跡）できる範囲では、タイ・バーツの暴落以前に「売り」ポジションを解消したソロスについてと同じように、仕掛けの「現場」にもはや証拠は残っていないからだ。

しかし「証拠」がないからといって、その「現場」を凝視《ぎょうし》することに意味がないわけではない。むしろ私は、「アジア通貨・経済危機」をあらためて凝視することを通じ、作られたものかもしれないこの「危機」が、やがて米国による「利益確定」の対象となっていく日本にとって重大な意味を持っていることが明らかになると考えている。では、その「意味」とは何だろうか。

†「構造改革」という名の書割への転換

日本を代表するあるシンクタンクは、次のように総括している。少々長くなるが、同時代の日本における認識を端的に示すものであると思われることから、そのまま引用したい。

「日本自身が、「バブル」の後遺症に苦しんでいる。この点では、実は、我が国も現在の東南アジア諸国と同じレベルであることを意味している。今回の通貨危機においても、タイに対する銀行融資の半分以上が日本の銀行によるものだと言われている。その規模は四〜五兆円に達する。これらの債権が、国内の不良債権問題に加えて問題化するのは時間の問題であろう。これが、日本の抱える構造改革をさらに難しくするだろう。また、国内のバブル崩壊とそれに伴う巨額の不良債権問題は、金融機関のリスク管理能力に対する疑念を生じたが、今回の事態は、邦銀が同じ誤りをアジア規模で再現して見せたとも言えるだろう。原因にまで遡った不良債権問題の解決と金融ビッグバンによる日本自身の構造改革が求められている。」

（アジア経済研究所『九七年アジア通貨危機　東アジア九ヶ国・地域における背景と影響を分析する』）

ここに示されているのは、「構造改革を進めなければ日本は生き残れない」という強烈な危機感である。前章で述べたとおり、「構造改革」という語自体は、八〇年代以来、日本では「経済構造問題」「構造調整問題」といった形で使われ、政策の現場でも頻用されてきたものである（たとえば一九八六年四月に出された「前川リポート」）。

一九九六年一月に総理大臣に就任した橋本龍太郎は、自らの内閣を「変革創造内閣」と名づけ、教育改革と並び、現在使われるような広い意味での五つの「構造改革」（財政構造改革、行政改革、社会保障改革、経済構造改革、金融システム改革）をあわせた六つの改革を「六大改革」とし、その推進を最優先の政策課題としていた。

とりわけ一九九六年十一月に、日本の「金融資本主義の幕開け」ともなる「金融ビッグバン」が公表されたことの意義は大きい。規制を少なくして自由に競争させるという意味での「フリー」、公正な取引・競争を意味する「フェア」、そして国際的な資本移動を前提とした法制度・会計制度の整備と通貨当局同士の協力体制の強化を意味する「グローバル」の三つを標語とするこの金融制度改革は、一九九七年六月に発表されたプランに従って、順次執行されていった。

使いやすい金融制度の存在は、たしかに企業から見ればそれだけ資金調達の難易度が下がるため、企業活動の活性化につながり、経済を回復させやすいようにも見える。「平成バブル不況」の影響を依然として引きずる中で、景気回復を目指して日本側がこうした改革措置を自ら講じた、あるいはそもそもそれを思いついたと主張できないわけではない。米国による「利益確定」のシステムへとやがては陥っていく日本だからといって、私もそこまで日本人に自律的な思考が欠如していると断言するつもりもない。

しかし、実は金融制度の規制緩和政策には「負」の側面もあり、そこに気づいた途端に威勢のよい「改革者」も弱腰になることが十分にありうる。たとえば、一九八〇年代から徐々に進められてきた金融制度に関する規制緩和の結果、資金の借り手である事業会社と貸し手である銀行との関係が疎遠となってきたことが事実として指摘される。事業会社としては、緩和された金融マーケットでさまざまな手段を使って資金調達をすればよいのであって、必ずしも銀行から借りる必要はなくなったからである。

その結果、銀行は比較的大規模でリスクの低い借り手ではなく、リスクの大きい中小企業融資、不動産融資、そして個人への住宅融資へと運用先を振り向けていくことになる。そして、これらの「借り手」こそ、不動産価格の大幅な下落によって不良債権の作り手となったのである。その意味で金融制度の規制改革は、「平成バブル不況」の元凶だったともいえよう。

また、「フリー・フェア・グローバル」の前提ともなる橋本金融改革の基本的な方向は「直接金融の重視、育成、効率化」であるが、これに着目すると、この改革は今から六十年前に目指された「戦後証券改革」の焼き直しにすぎないという指摘すらある（小林和子「戦後証券改革と企業の資金調達」〔渋谷博史他編『市場化とアメリカのインパクト　戦後日本経済社会の分析視角』東京大学出版会〕）。戦後まもなく、GHQは財閥解体後の「経済民主化」の手段として、財閥関係者が放出した株式を個人投資家に進んで買わせようとする「証券民主化運動」まで行なった。

しかし、次のような四つの要因により、日本においてはマーケットからではなく銀行から資金調達を行なう、いわゆる「間接金融」が常態化し、「戦後証券改革」は挫折したのである。
(1)同じく敗戦を迎えた西ドイツとは違い、戦禍を受けず無傷で残った財閥系銀行が解体の対象とはならなかった
(2)度重なる高度経済成長の中で大量の資金需要が生じた際、これに対応できたのは銀行だけであった
(3)そもそも融資シンジケートの中心である銀行が、企業に対しチェックのみならず経営指南も行なう「メインバンク制」が効率的なシステムとして自然発生してきた
(4)また銀行の貸出金利が長年にわたって固定的かつ高金利であったため、預金金利との間で大幅な収益の差異が生じ、その利率の差が銀行の収益を継続的に確保してきた
これら四つの要因をふり返ると、日本の金融制度は日本社会の戦後史そのものを体現しているといってもよい。したがって、それにメスを入れることは至難の業である。そうである以上、これを行なうにはそれなりの「ショック」と「ストーリー」、あるいは「書割の大幅な変更」が必要であり、かつそのことを日本に明確に意識させることが必要なのである。ましてや、「タイム・イズ・マネー(時は金なり)」である。日本自らに改革のネジをちぎれんばかりに巻かせ、いち早く全力疾走させるには、それなりに大きく派手な「舞台」が必要となる。――その場として選ばれたのが、一九九八年一月の額賀福志郎官房副長官(当時)による米国訪問な

のであった。

一九九八年一月九日。額賀官房副長官はワシントンにおいて、サマーズ財務副長官と会談した。この年は一月十二日に通常国会が開会されることになっており、それに先立って米側に橋本政権の改革路線の進捗状況を説明し、理解と協力を得るのが目的であった。

官房副長官という役回りほど、誰がそこに就任するかによって意味合いが変わってくるものはない。最近では、かの鈴木宗男衆議院議員のような「実力者」がこの役職に就任していたこともあり、官房副長官が単なる「官邸内の調整者」としての役割以上を果たすこともある。この時の額賀官房副長官による訪米は、官房副長官としては実に小沢一郎（一九八八年当時）以来のものだったというから、橋本政権のみならず、額賀福志郎という一人の政治家にとっても大きな意味を持っていたであろうことは容易に想像がつく。

額賀はこの時、五十三歳。この数年後に行なわれた日独間の賢人会議である「日独フォーラム」の外務省における担当官であった私は、同氏を含む一団と共にベルリンを訪問したことがある。寸暇を惜しんでアポイントメントを入れた日程の中、ドイツ側との議論は時に深夜にまで及んだ。当然、一同疲弊してくる。

そんななかにあってもなお、淡々とドイツの風を楽しんでいるように見えたのが額賀だった。

「娘にちょっとした買い物をしたいんで、両替してきてくれるか?」と、私に数枚の日本円札を渡した同氏の柔らかい表情が忘れられない。今から思えば、ここでいうサマーズ財務副長官との激しいやりとりと比べ、なんと穏やかな外国訪問だったことだろうか。

話を元に戻そう。――サマーズはこの会談の冒頭で、まず、インドネシアがIMFによる構造改革プログラムを受け入れることの重要性についてくり返したという。

「クリントン大統領は、インドネシアのスハルト大統領と電話で会談し、IMFとの計画遂行を強く要請しました。橋本首相から同様の電話をスハルト大統領にし、IMFプログラムの重要性を認識してもらえば、大いに役立つでしょう。」

(西野智彦『検証 経済迷走――なぜ危機が続くのか』岩波書店)

サマーズの単刀直入な要請にうなずく額賀に対し、サマーズはさらに次のように畳み掛けてきたという。

「日本経済は弱く、さらに弱くなると認識されている。日本の金融システムの不安定さを見る限り、アジアからの信頼を得るのは無理でしょう。日本はアジアに輸出のための市場を提供していない。カギは、日本経済が好ましい方向に変化していくことです。(中略)

公的資金の投入についても、漠然としており、かつ裁量が働く可能性があると見られています。潰すべき金融機関と、そうでない金融機関の差別化、峻別がなされているようには思えない。金融機関の資産の流動化も十分ではない。せっかくの対策なのに、市場の評価が前向きでなかったことに我々は失望しています。（中略）

ＩＭＦ、ＯＥＣＤ（経済協力開発機構）、ＦＲＢ（連邦準備制度理事会）などによれば、九八年度の日本の政府予算は明らかに緊縮予算です。これは国際社会に適切に対応するものではなく、対応に失敗していると見られています。（中略）

私は日本の政治状況を十分に認識しています。しかし（中略）適切な比喩ではないかもしれないが、大恐慌直前のフーバー大統領の時と同じ展開になっている。」（前掲書）

一九二九年の大恐慌を乗り切れなかった当時の米国大統領（ちなみに一九三二年十一月の大統領選挙で、フーバー大統領はＦ・ルーズベルト候補に敗れることとなる）が自らとは異なる共和党出身だったからといって、遠路はるばるやってきた客人の上司と比較することの「非礼」さも、ここまで勢いよく語られると反論する気すらそがれるというものである。この「橋本総理＝現代のフーバー大統領」論は、この年の夏に行なわれたバーミンガム・サミットに至るまで、延々と日米双方で大合唱される論調となっていく。

もちろん額賀としても、一気呵成にしゃべりまくるサマーズと向き合いながら、手をこまねいて見ていただけではない。額賀は橋本改革の現状と今後の方針について果敢に説明を試みるが、サマーズは取り合わない。そればかりか、次のようなメッセージを「宿題」として額賀に託すのだ。

「橋本首相に三つのメッセージを持ち帰ってほしい。第一に、大胆な政策の実行が日本の活力の回復につながること、第二に、金融システムの安定化策は不十分であり、市場の信認を得るためより一層明確な政策が必要なこと、第三に、日本が実施している財政政策は内需主導というには不適切であり、整合的でもない。アジア経済にも良い影響を与えない。財政上の措置としては、たとえば「減税」を行うことが重要である。」（前掲書）

米国側はサマーズを通じたメッセージの伝達では飽き足らず、早くも四日後の一月十三日午前に、クリントン大統領より電話で橋本総理に対し、同様の申し入れを行なっている。西野智彦によれば、今度は首脳レベルで「緊縮財政路線」という橋本改革路線の琴線に触れる部分をあからさまに否定してくるクリントン大統領に対し、剣道家として闘志あふれる橋本総理は不快感を隠さなかったという（「まぁ、私が辞めれば株価が上がるという声もある」）。

これから後、国内外からの批判が橋本総理へと集中し、遂には七月に行なわれた参議院選挙での敗退につき責任を取る形で第二次橋本改造内閣は総辞職し、小渕恵三が後を継いだ。その前に、橋本政権は「フーバー大統領の財政健全主義の二の舞」との批判に耐え切れず、赤字国債発行ゼロの目標年度の見直しなどを決定し、財政構造改革路線を放棄することになる。このことは橋本総理自身が、一九九八年六月二十四日に行なわれたクリントン大統領との電話会談において、自らの「宿題」に対する回答として通告した。
その後、小渕政権は「遅ればせながら」ケインズ政策へと急旋回し、そのせいもあって景気はやや小康状態へと向かった。その一方で不良債権処理は遅々として進まず、それが足かせになって本格的な景気浮揚がないままに、森政権、小泉政権へと日本の政治の中央は変遷していく。

こうした推移を踏まえ、日本における論調は通常、「財政構造改革路線の功罪」、さらには「不良債権処理を遅らせてきた犯人捜し」についつい終始しがちである。九〇年代後半の時期とは異なり、今や「資本」が有価証券、為替といった形で一般市民の目の前にふつうに飛び交うようになっている。そして再編・統合された、妙に長い不思議な名前のメガバンクの支店が街角に立つようになった今となっては、これら二つの「論点」と比して、金融ビッグバンそのものの「問題点」について語られることは少ない。

しかし私は、何がどうあれ、米国が日本を「利益確定」の対象としているという現状を踏まえれば、この九〇年代後半という「書割変更」の時代を見る際の「優先順位」は、むしろ逆なのではないかと考えている。つまり米国からすれば、「金融改革」こそが日本が行なうべき「コア」の改革だったのであり、それ以外については所詮、フォアグラを太らせるための「餌」とでもいうような措置にすぎなかったのである。

最後に太った鴨をさばく包丁を確保していなければ、どんなにその鴨が太ったところでフォアグラを取り出すことはできない。だからこそ、その包丁の役割を果たす「金融改革」は、米国が望んだ形とスピードで行なわれる必要があるのだ。

その際にカギとなる言葉が、橋本政権の実施した「金融ビッグバン」にある三つの標語の一つである「グローバル」に他ならない。もちろん、この形容詞は一方において、とかく江戸時代の「鎖国経験」を恥と思いがちな現代の日本人が自ら門戸を開いていくことを意味する。

しかし他方において、これはとりもなおさず、外からの「マーケットの論理」を資本（マネー）の流入という形で国内へ受け入れることにもつながるのだ。サマーズが額賀に対し頭ごなしに「不安定な金融システムを抱える日本は、アジアの信用を得ていない」と断言し、その言葉が与える「痛み」が日本自身を突き動かす。そして日本が自ら改革へのネジを巻くようになるためには、資本（マネー）が国内外を自由に流出入する金融資本主義の大前提が日本にも植えつけられなければならない。

たしかに「金融ビッグバン」自身は日本政府が始めたものであり、外圧によって「押し付けられた」ものではない。しかし、このサマーズの言葉にあるように、「アジアの信頼すら得られない日本」という非難は、内心ではアジアの盟主を自認する日本人の心を刺激し、「通貨・経済危機にあえぐアジアの二の舞を防ぎ、またそれに苦しむアジアの信頼を勝ち得よう」と思わせるに至る。さりとて、「ではどうしたらよいのか」と戸惑う日本側に対し米国側が答えとして示唆したのが、サマーズの言葉の冒頭にあった「IMFプログラム」だったのであろう。日本はIMFプログラムを適用されるほどの「危機」に陥ることはなかった。その一方で隣国の韓国まで、「苦い良薬」とでもいえそうなこのプログラムが迫ってきていたのも事実である。

インドネシアに対するIMFプログラムの履行を求めることについて協力してほしいといいつつ、返す刀で日本自身に構造改革を事細かに求めるが、「日本もしっかり構造改革するように」という米国側からの強いメッセージを反映していたことはいうまでもない。そしてここに、「構造改革」という麻薬を与えられ、自分でネジを巻きながら「利益確定」というゴールに向かって自力走行していく、現代日本の基本的な対米構造が凝固し始めるに至るのである。

以上をまとめて述べるならば、次のとおりとなる。

「アジア通貨・経済危機」という巨大な「書割変更」は、とりわけ財政構造改革について対米独自路線を突っ走っていた日本に路線変更を余儀なくさせた。その際、日本は金融制度改革という意味での「構造改革」へとウェイトを置き換えると共に、ケインズ政策への変更により自らを「太らせる」政策へと転換した。こうした動きが、この「書割変更」に暗黙の内に含まれている「IMFプログラム」の趣旨も含まれつつ、加速度的に推進されていったのである。

†「書割変更」としての金融制度改革

このように述べると、一九九六年に誰からも押し付けられることなく日本政府自身が金融ビッグバンを発表したことから分かるとおり、「金融制度改革」自体は、日本のためにもなるはずだったもので、何もこれを強力に後押ししたからといって、米国の術中に哀れな日本が一方的にはまったかのように言うのはまさに「陰謀論」だという反論もあろう。また最近の株式投資ブームに見られるように、実際に金融サービスはこの改革のお陰で一般市民にとっても便利になったのだから、当時の「改革」を見る時に何も批判一辺倒である必要はないのではないかという声もあるだろう。

しかし、先ほど述べたとおり、金融ビッグバンのうち、事業企業による資金調達手段の多様化は事業企業の銀行離れを進めるため、銀行としてもリスクの高い顧客へとマーケットを拡大させる危険性が大きい。その一方で、直接金融へのシフトという「テーマ」については、戦後証券改革でいったんは挫折したものを、なぜもう一度やるのかという点に関する反省が十分なされていたとはおよそいいがたい。また、そもそも論者の中には、金融構造改革は主唱者が不在で、なぜ始められたのかが分からないと指摘する者すらいる（山家悠紀夫『「構造改革」という幻想』岩波書店)。

もっともそこまで言うのは、「言いすぎ」の感がないわけではない。なぜなら、とりわけ九〇年代半ばに金融不祥事が相次ぎ、日本の金融はどうなっているのかという国内外からの非難の声がわき上がっていたことも事実だからだ。また、平成バブル不況の「通奏低音」であり続けたのが不良債権問題、さらにはそれに引きずられて生じた銀行の「貸し渋り」(クレジット・クランチ)なのである。その意味で、景気回復のためには銀行を何とかしなくては、という議論があったことも事実である。その意味で、金融制度改革のための「大義名分」はあるにはあったのだ。


私はそれでもなお、九〇年代後半の「アジア通貨・経済危機」を背景として、米国が日本に対し「金融制度改革」のさらなる促進を求めたことが「書割変更」を日本に気づかせ、焦らせ、ついには「利益確定」へと追い込んでいく手段であったという立場を崩さない。なぜなら、これまで行なわれてきた「金融ビッグバン」の中身を仔細に見ると、一方では明らかにそこに欠けている内容があり、他方でそこには日本経済に対する「外部環境変化=書割変更」をさらにもたらすものが含まれているからだ。

たしかに、いかに自力走行であるかのように始められた「金融制度改革」であった。しかし、こうした内容を含む「改革」を頭ごなしに求める米国の真意は、おのずから明らかなのである。

具体的にはまず、「フリー・フェア・グローバル」の三つの標語は、一つには「間接金融から直接金融へのシフト」を目標としていた。その目指すべき「直接金融」という選択肢について、必ずしも徹底した措置がとられてはいなかったのである。

「間接金融」か「直接金融」かという論点は実は資金調達の手段について述べるだけであり、経済効率の観点からは結論の出ない「神々の論争」へとつながるものである。それでもあえて「直接金融」を選択するというのであれば、それによって日本がグローバルな資本市場においても「ナンバーワン」となることを素直に目指すべく政策を展開するのが、国富の増大を最大の使命の一つとする日本政府の役割であろう。

直接金融の重要な「現場」となるのが証券市場である。したがって、そこがどれだけ活況であるのか、活況であるとしても国内企業だけが主体となったものか、あるいは外国企業も取り混ぜてのものなのかという「市場の中身」を精査することが重要となってくる。とりわけ後者の点については、「グローバル」を目指してビッグバンを行なう以上、日本からの流出だけではなく日本への流入を外国から確保することが市場、さらには日本経済全体が潤っているかどうかを測る大きなメルクマールとなる。

ところが、証券制度を取り巻く国内市場環境が鳴り物入りで整備され、外部へもよりいっそ

7月	日本版ビッグバンの具体的機構を公表
11月	三洋証券、会社更生法の適用を申請（コール市場で戦後初の債務不履行発生） 北海道拓殖銀行、山一證券、徳陽シティ銀行等の破綻処理発表
12月	預金保険法改正法成立（破綻銀行同士の合併に対する資金援助制度〈特定合併〉を導入）
1998年2月	預金保険法改正法、金融安定化緊急措置法成立（金融危機管理審査委員会発足、30兆円の公的資金導入、整理回収銀行を一般金融機関にも拡充）
3月	金融危機管理審査委員会が公的資金による優先株式、劣後債等引受け承認（主要17行に対し合計1.8兆円程度） 土地の再評価に関する法律成立（98、99年3月期の時限措置）
4月	早期是正措置の導入 新日本銀行法、改正外為法施行
6月	金融システム改革（日本版ビッグバン）関連4法成立 金融監督庁発足
7月	政府・与党が「金融再生トータルプラン」を発表
10月	金融再生関連法（金融機能再生緊急措置法、金融機能早期健全化緊急措置法、預保法改正法、サービサー法、競売制度関連2法、根抵当権譲渡臨時措置法）成立（この結果、特別公的管理制度導入、公的資金枠を60兆円に拡充） 金融危機管理審査委員会廃止 日本長期信用銀行の特別公的管理実施
12月	日本債券信用銀行の特別公的管理実施 金融再生委員会発足
1999年1月	「金融再生委員会の運営基本方針」議決
3月	金融再生委員会、主要15行への資本増強承認（合計約7.5兆円）
9月	金融再生委員会、地銀4行への資本増強承認（合計2,600億円）
12月	与党3党が預金保険制度に係る特例措置（預金保険機構による特別資金援助〈全債務全額保護〉）の廃止時期を2001年3月末から2002年3月末まで延期することを合意 宮澤蔵相、預金保険機構の公的資金枠を70兆円に拡大する方針を表明（交付国債の6兆円上積みなど）

出典：橘木俊詔編『戦後日本経済を検証する』東京大学出版会

金融システム安定等に関する動き

年　　月	主　要　事　項
1971年	預金保険制度創設
1986年	預金保険法改正法成立（資金援助制度導入）
1992年4月	東邦相互銀行の処理（伊予銀行による救済合併）に初めて預金保険機構の貸付による資金援助を適用
10月	東洋信用金庫の処理（三和銀行による救済合併）に初めて預金保険機構の金銭贈与による資金援助を適用
1994年12月	東京協和信用組合と安全信用組合の処理策を発表
1995年1月	東京共同銀行設立（銀行免許を付与）
6月	大蔵省、「金融システムの機能回復について」を発表（この中で95年3月末時点の預金取扱金融機関の不良債権額〈破綻先・延滞債権および金利減免等債権の合計〉を約40兆円と公表） 与党3党（自民、社民、さきがけ）、住宅金融専門会社（住専）の不良債権問題のためのプロジェクトチームを設置
7月	東京都、コスモ信用組合に対して業務停止命令を発出
8月	大阪府、木津信用組合に対して業務停止命令を発出 兵庫銀行の処理策を発表（受皿銀行として「みどり銀行」を設立、預金保険機構が同行に対し金銭贈与を実施）
9月	大和銀行がニューヨーク支店の現地嘱託行員の不正取引隠蔽による損失（約11億ドル〈約1,100億円〉）を公表
11月	大和銀行が米国から撤退命令に同意
12月	「住専問題の具体的な処理方策について」閣議決定 金融制度調査会答申「金融システム安定化のための諸施策」を発表
1996年6月	金融6法（住専法および関連法、預金保険法改正法、更生特例法、経営の健全性の確保のための法律、貯金保険法改正法）成立（特別資金援助制度〈2001年3月末までの時限的措置として全債務全額保護〉導入、整理回収銀行に関連する規定を整備、早期是正制度導入決定〈実施は98年4月から〉）
7月	住宅金融債権管理機構設立
9月	整理回収銀行設立、(社)新金融安定化基金設立
11月	阪和銀行に対して業務停止命令を発出 日本版ビッグバンの提唱
1997年4月	日本債券信用銀行の経営再建策を発表（民間銀行等による新株引受、新金融安定化基金による優先株引受け）

うの「門戸開放」が行なわれたというのに、たとえば東京証券取引所に上場している全企業（二三三〇社〈二〇〇五年六月末現在〉）のうち、外国企業はわずかに二十八社にすぎないのである。その実態を見ても、およそ主たる資金調達を日本で行なうためというよりも、ある種の「付き合い」で上場しているといった感が、そこでの取引数の乏しさからにじみ出てくる。――つまり金融ビッグバンによっても、日本の「直接金融」は決してグローバルなものとはなっていないのだ。

こう述べると、「株をはじめとする金融商品が一般市民の手に届きやすくなっている現状から見れば、上場している国内企業だけを見て東京証券取引所や大阪証券取引所が活況であればまったく問題はないのではないか」という批判が出てくるに違いない。だが、こうした「批判」は、まさに木を見て森を見ない議論の典型といわざるをえない。

戦前の「トーキョー・マーケット」は、ローカルで狭いマーケットだった。第二次世界大戦前にグローバルな資金調達の場として東京が選ばれたのは、第一次世界大戦中に英仏露等が戦費調達のための公債を発行した時ぐらいのものである。しかし一九七〇年より、世界銀行やアジア開発銀行等の国際金融機関が巨大な発行者として日本市場で資金調達を行なってきており、「キャピタル・マーケット（債券市場）」としての東京市場の地位はすでに不動のものとなっている。

けれども直接金融の一つの大きな柱である株式という側面からいうと、東証は外国企業の上場という観点から見て、他の有力市場（ニューヨーク、ロンドン）に完全に水をあけられている。その一方で、「間接金融」元凶論とでもいえる議論の展開により、銀行によるいわゆる「持ち合い株」がマーケットに放出され、これを狙った外国人投資家の市場全体におけるウェイトが高まり、日本の証券市場への外国からの資金の流れは活性化の一途をたどっている。

しかし東証であれ大証であれ、本当に日本が「直接金融」の雄として飛躍したいというのであれば、地球上で同じ時間帯（経度）に「市場成熟度」が日本市場より高い国が存在しないという、国際競争上、稀に見る恵まれた環境を利用すべきなのである。具体的には、アジア各国の優良企業を日本の証券市場へ積極的に上場誘致し、日本で主たる資金調達をさせるようにすべきなのだ。

このことは、単に金の流れが日本をクロスする機会が大きくなるということ以上の意味を持っている。なぜなら、これに付随して膨大な「情報」が自然と東京のマーケット関係者、そして政府・民間へと集積するようになるからだ。このことがもたらすであろうアジア諸国、さらには欧米に対する日本の比較優位が与える政治上の影響は甚大である（ウォール・ストリートがホワイトハウスと人的に直結していることを想起していただきたい）。

この関連で、たとえばニューヨーク証券取引所（ＮＹＳＥ）が国際的市場としての地位を確立した要因は、中南米諸国の企業を積極的に上場誘致したことにあるといわれている（伊豆久「ニューヨーク証券取引所の国際化について」〔大阪市立大学経済研究所・中尾茂夫編『金融グローバリズム』東京大学出版会〕）。NYSEが「国際化」するにあたって決定的な役割を果たしたのが、一九七三年のチリ軍事クーデターを皮切りとする中南米諸国の「市場経済化」であった。そこでは次の要素が重なり合って、NYSEを「勝者」へと導いたという。

（1）国際資本市場の発達によって先進国は対外赤字を市場でファイナンスできるようになったため、IMFは途上国向け融資に特化した。

（2）その際、IMFは自らに依存しない先進国側から、途上国向け融資の回収を厳格化するよう強く求められるようになり、途上国側は融資にあたってのコンディショナリティー（条件）の厳守を約束させられるようになった。

（3）IMFの発想として、途上国の経済成長を第一に進め、しかもそれを市場メカニズムによって達成しようとする新古典派開発論が主流となったため、「国営企業の民営化」「規制緩和」「各種補助金の削減」「直接投資受入れの自由化」「貿易の自由化」「金利の自由化」などの「構造調整政策」がコンディショナリティーに含められることとなった。

（4）中南米諸国で国営企業の民営化が大規模に進められるにあたっては、一方において経済革新官僚としてシカゴ・ボーイズといわれた米国留学組が先導を切る形となり、他方において政府顧問として米国の大手投資銀行が入り込む形がとられた。このことは、米系大手投資銀行にとっても巨大なアセットとなって現在まで引き継がれている。

(5) 米系投資銀行が介在したことで、中南米における国営企業の民営化の最終目標はNYSEへの上場だということが暗黙の了解となり、結果としてNYSEの「国際化」が推進されることとなった。

以上のスキームを見て、読者は気づかれたことがないだろうか。――一つには、IMFが介在しないにせよ、ここでいわれる中南米の「構造調整政策」は、日本で九〇年代より現在に至るまで推進されている「構造改革」に重なるのではないかということである。つまり、日本の「構造改革」とは、米系投資銀行にとって「かつて来た道」なのだ。彼らにとっては、それこそ目をつぶっていても正解を選べる環境を、日本人自身が作り出してくれていることになろう。

そしてもう一つ気になるのは、「アジア通貨・経済危機」に際してはどうだったのかということだ。アジア諸国でもインドネシアにおける国営企業解体や韓国の財閥解体などが、同様に「IMFコンディショナリティー」を受諾した結果として遂行されたことは記憶に新しい。そして実際、多くの「民営化」が推進された。

ところが、そうやってアジア諸国で「民営化」された企業は、結果としてどこへ資金を求めたのだろうか。答えは「ニューヨーク市場」である。東京あるいは日本は完全に「素通り」されたのだ。隣国である韓国の民営化企業についてさえそうである。サマーズに「アジアの信頼」を云々されたのであれば、これこそアジアの側からの信頼が欠けていることの証拠であるといえよう。また逆にいえば、この点についてこそ日本政府自らが、「改革」の対象として積極的な措置を講じるべきだったともいえよう。

ところが日本政府はといえば、そういった点にはおよそ気づいてはいない。日本政府は、ただひたすら自らの「閉鎖性」を恥じ、「刈り取ってください」といわんばかりの「グローバル」化政策を推進してきたにすぎない。

このように述べると、「市場は市場に任せるというのが資本主義の鉄則だ」との反論はありえよう。しかし中南米にせよアジアにせよ、ＩＭＦコンディショナリティーの現地における遂行の段階では、多くの場合、米系投資銀行が関与することを忘れてはならないのである。

そして、そうした米系投資銀行の本部にいるエリート行員たちは明日の米政権の幹部でもあり、シンクタンク幹部でもあるという「エリート」間の柔軟な労働市場が存在し（「回転ドア」と呼ばれる）、さらにはその背後で指揮を執る「奥の院」もある。したがって、こうした表面的な「市場主義」を喧伝すること自体、日本に「からくり」を気づかせないためのパブリック・ディプロマシーの一環だと思わざるをえないのである。

「アジア通貨・経済危機」という外部環境の大幅な変更＝「書割の変更」に驚き、ひたすら日本がやり続けた「金融制度改革」の中身を見ると、やればやるほど混乱することがあらかじめプログラムされていたといわざるをえない内容がもう一つある。それは「金融ビッグバン」の標語「グローバル」そして「フェア」に含まれている、重大な要素の一つとしての「会計制度の国際標準化」である。

直接金融を流布させるにあたり、会計制度の整備は決定的な役割を持つ。なぜなら、たとえば株式という形で投資家がマーケットを通じて企業へ投資する際には、この企業の活動状況を詳細に調べる必要があるが、そのためのデータを端的に示すのが「会計」だからだ。

第二章において、日本の社会・市場には、外国人から見ると非合理的で理解に苦しむ要素が多々あるという意味での「情報の非対称性」を除去することが、米国が日本に「構造改革」を勧める理由であるということを紹介した。ここでいう「会計制度」「会計基準」というのが、まさに「情報の非対称性」を除去するためのものであることは言うまでもない。尺とメートルで別々に計ったものに互換性がないのと同じように、異なる会計基準、会計制度の下で作成された企業の財務諸表には互換性がなく、ましてや海外投資家からみて意味をなさない。

したがって、海外から投資を呼び込み、これによって日本のマーケットを活性化させるため、「金融ビッグバン」の主たる項目の一つとして「会計制度の国際化」が盛り込まれているのだというのであれば、表面的には納得がいきそうである。たしかに、会計制度をめぐる状況があまりにも奇怪で、「ワンダーランド・カウンティング（不思議の国の会計）」とフィナンシャル・タイムズ紙（一九九七年十一月二十六日付）に揶揄されていたような国（＝日本）の企業活動への投資はリスクが計り知れず、外国人投資家は手を出さなかったものである。

ここで「金融ビッグバン」、あるいは連結会計の導入を主たるポイントとする「会計ビッグバン」の詳細に触れる前に、どうしても確認しておかなければならないことがある。それは「会計」が、企業活動を紙に落とした時の姿を映し出す鏡である以上、その鏡の「屈折度」である「基準」を少しでも変えると、それまでのイメージが一変してしまうということだ。良い悪いの問題ではなく、「映るイメージ」、すなわち財務諸表として出てくる数字の羅列が変わってくるという、単純だが、とかく忘れがちな「現実」だけはしっかりと押さえておく必要がある。

「会計ビッグバン」によって、日本ではすべての企業について、「鏡に映る像」がこれまでとはまったく変わってしまうという現象が生じたのである。これはある種の企業にとっては、「これからは日本語ではなく英語ですべての活動を行うこと」と法で定められたくらいのインパクトがあったに違いなく、まさに「世界が変わる」ことを意味していた。——「金融制度改革」を米国が日本に求めるということは、この観点からも「書割の変更」、つまり「外部環境」

「世界」の変更を意味していたことを忘れてはならないのである。

日本は戦後まもなく、会計制度についても米国からの「指導」を受けたことがある。このことはあまり知られていないが、歴史的な事実である（関口智「戦後日本の税制と会計の交渉過程シャウプ勧告および大蔵省の視点から」〔渋谷博史他編『市場化とアメリカのインパクト　戦後日本経済社会の分析視角』東京大学出版会〕）。

占領期の初期にＧＨＱ（すなわち米国）によって進められた財政・金融制度に関する「戦後改革」は、「証券民主化」のような形式的な意味での秩序の改革にとどまり、租税制度や会計制度といったよりディープな経済実態に肉薄する制度にまで及んではいなかった。当初はアカデミズムの主導により「会計基準法」の制定が進められていたが、業界団体としての公認会計士が持っていた政治力の弱さ、あるいは急ごしらえで設置されたにすぎない証券取引委員会の力のなさなどにより実現されないままであった。

そのようななか、一九四九年に来日したのがコロンビア大学教授のカール・Ｓ・シャウプを団長とする「シャウプ使節団」であった。シャウプ使節団はＧＨＱの招聘《しょうへい》により来日したものであり、租税制度の改革についてＧＨＱへ提案することを目的に来日したものと一般にはいわれている。

しかし、税収の安定化という観点からは、租税算定の基本となる企業会計制度の改革がリンクしてくることは明らかである。実際、シャウプ使節団と日本側（経済安定本部）の「企業会計制度対策調査会」との間では「内面的交渉」が断続的に行なわれた。

その結果として誕生したのが「企業会計原則」（一九四九年七月）である。これはシャウプ使節団と経済安定本部の「お墨付き」を得たものであり、その後の税法および商法にとっての「上位規範」とされることが想定されていた。しかし、こうした経済安定本部（後の経済企画庁）の「越権行為」に対し、大蔵省（当時）が快く思ったはずがない。以後、日本の企業会計制度は租税法、商法と企業会計原則の三本が並び立ったままで推移していくことになる。

しかし、ここで強調したいのは、そうした国内の「内ゲバ」についてではない。重要なのは、戦後日本の会計制度の出発点にあって、実は米国こそが明確な形で関与していたという「歴史的事実」である。

ところが、後に述べるとおり、米国は現在作成されている「国際会計基準」を事実上、米国型とすることを通じ、今度はこれを採用することになる日本の「会計」の世界へ浸透させようとしているわけである。「会計」をめぐる米国から日本への、こうした断続的な関与がいかなる「意図」をもってなされているのかは、この「史実」だけをもってしても十分吟味に値する課題であることが分かるであろう。

話を、ふたたび現在の「会計基準の国際化」へと戻す。——企業会計の尺度である「会計基準」や、それを取り巻く諸制度である「会計制度」はそれ自身、一つの自己完結的なミクロコスモス（小宇宙）を成している。したがって、そのミクロコスモスをひっくり返せば、星屑たちがいっせいに器を飛び出し、大混乱に陥ることは目に見えている。日本がそうした大混乱へと本格的に巻き込まれていったのは、一九九三年十一月にノルウェーのオスロで開催された「国際会計基準委員会（IASC）」理事会からである。

この時、世界中の企業の経営実績を比較できるように、決算書作りのルールである「会計基準」を世界的に統合すべく、「比較可能性プロジェクト」のコアとなる十の会計基準の一括採用が、十三対一の圧倒的多数で可決されたのだ。反対票を投じたのは日本だけであった（磯山友幸『国際会計基準戦争』日経BP社）。その席上で、孤立する日本代表団は苦渋の念をこらえきれなかったに違いない。

それまで、日本の会計原則は「取得原価主義」であった。つまり企業の保有財産は、取得した時点の価格が帳簿価格として貸借対照表（バランスシート）に記載されてきたのである。したがって、これらの財産の「時価」との間で差異が生じても、これは「含み益」「含み損」にすぎず、帳簿上は明らかにはならない。

他方で、作成中の国際会計基準は米国の会計基準にならい、「含み」を許さない「時価主義」を採用していたため、これを採用した場合、バブル崩壊後の日本企業の多くが「含み損」を失い「赤字決算」へと転落することは目に見えていた。だからこそ、日本は官民挙げてこれに反対したのだ。

だが、これ以降、国際会計基準として米国型の「時価主義」が世界中で急速に広まっていく。これに対し日本の対応は遅々としており、業を煮やした米国の五大公認会計士事務所、通称「ビッグ・ファイブ」は日本の会計制度への不信感を露《あらわ》にし始める。ある日本の論客は、そうした米国側の「苛立ち」を代弁するかのように次のように述べる。

「会計制度本来の目的は何かといえば、企業経営の実態を正しく把握し、将来を見通すことである。いったい自社がどれだけの利益を当期計上しているのか、それはどのような活動によってもたらされたのか。こうした基礎的な情報さえ、経営者自身がはっきり把握していなかった。簿価では変動する市場リスクを計測できず、また、有効なリスクヘッジの手段も持ちえない。そもそも時価による正確な計測がないのだから、企業の経営実態が明らかではない。

これに対し、時価会計は、透明性が高いことから、それだけ生の事実が表示され、裁量の余地も小さくなり、いわば、「論より証拠」といった側面が強くでるのがそのメリットだといえる。つまり、時価による評価には即時性があり、比較可能であるので、全体として市場への情報提供という意味では、それが持つメリットは原価主義のそれにくらべて優れている。

（中略）

グローバリゼイションの進行、日本経済の歴史的な転換など、激しい構造変化を伴う時代には、過去の実績がもつ権威と影響力は低下するため、簿価主義の発信する情報にはミスリードがおこりうるし信頼性が欠ける場合もありうる。逆に、実態をそのまま映し出すという意味では時価会計はより大きなメリットを発揮するだろう。」

（中北徹・佐藤真良『グローバル・スタンダードと国際会計基準』経済法令研究会）

こうした「会計標準の国際化」の流れが加速化するのが、まさに橋本政権の時代だったのである。しかし、この時代（九〇年代半ばから後半）にあってもなお、日本政府が「事の重大さ」を理解していなかったことは、一九九七年十二月に来日したシャープIASC議長を接遇したのが、総理でも蔵相でもなく、長野大蔵省証券局長（当時）だったことからもうかがい知ることができる。

また、政府は九八年度の邦銀決算が「含み損」に伴う赤字への転落を防ぐため、含み益のある「事業用資産」に対象を絞った銀行所有の土地に対する再評価を認める「土地再評価法」を成立させた（一九九八年三月、議員立法。当初一年間の時限立法であったが、二〇〇二年四月まで期限延長された）。そして銀行のバランスシート上、あえて「含み益」を顕在化させるなど、政府はその後も「小手先」の処置に終始したのである。

こうした処置は、国際決済銀行（ＢＩＳ）の「国際業務を行なう銀行の自己資本比率を八パーセント以上とする」との規制（いわゆるＢＩＳ規制）を、株価の下落や不良債権の償却で邦銀の自己資本が減ってもクリアーさせるためのものである。しかし、このような日本の態度を米国が見過ごすわけもない。米国側の攻勢は続き、遂には一九九九年三月期決算から、日本企業の英文年次報告書の監査意見に次のような「警句」が挿入されることとなった。

「この財務諸表は、日本で一般に認められた会計基準と監査基準に準拠して作成されており、日本の会計基準に通じた利用者向けである。」

つまり裏を返せば、「この財務諸表に載っているデータは、国際的な基準で書かれたものではないので、その意味で信用はできない」と明示していることになる。もちろん、こうした「警句」を日本企業が好んで入れたはずもない。世界五大会計事務所（ビッグ・ファイブ）の執拗な要求に対し、提携関係にある日本の五大監査法人（当時）が屈することで、挿入せざるをえなくなったというのが実情なのである。

「このままでは日本企業、そして日本経済全体の信頼性の問題となる」――さすがの大蔵省もそう思わざるをえない急激な事態の展開を前にして、日本政府としても「長いものに巻かれる」しかなかった。この「警句」の挿入が義務づけられるより前の一九九八年六月十六日に、大蔵省は記者団に対し企業会計審議会が五つの意見書および報告書を提出した旨、発表した。そのなかで大蔵省は正式に、子会社も含め、いわゆる負債の「飛ばし」を認めない「連結会計」の導入へと舵を切ると同時に、時価会計の適用対象に銀行などのいわゆる「持ち合い株式」も含むことを明らかにしたのである。

その結果、もはや日本企業がこれまでの「書割」、すなわち「日本の会計基準」に従って処理していれば何も問題ではなかったものが、いきなり反転したのである。そして、変更された「書割」の前では「含み損」「飛ばし」として罪悪視され、白日の下にさらされることとなったのである。こうして一九九九年より始まった「会計ビッグバン」以降、日本企業の損失計上はますます巨額なものとなっていく。

もちろん、「外圧」が強かったからといって、なぜここに来て急に大蔵省や経済界が折れたのかについては疑問が残る。国内では反対の大合唱であった一九九三年から五年間の間に、米側がお得意のパブリック・ディプロマシーを展開すると共に、ヒューマン・インテリジェンスをさらに張りめぐらせ、日本側関係者を動かしていったであろうことは想像に難くない。

だがこの部分は、「書割の変更」の演出者である米国の「奥の院」からすればまさにトップ・シークレットであろう。また、ヒューマン・インテリジェンスのネットワークによってがんじがらめにされているはずの日本側関係者から「証言」を得ることも、ほぼ不可能だろう。

ちなみに磯山友幸『国際会計基準戦争』（日経BP社）には、これに関連した興味深い記述がある。それによると、一九九八年春に、六月の発表を控えた大蔵省側より説明を受けた福間年勝三井物産専務（経団連経理部会長だったときに、会計基準の改正についての財界の意見をとりまとめた人物）が、「国境を越えてものすごい勢いでカネが動いているんだ。会計基準を国際的に統一するのは当然のことじゃないですか。だとしたら、日本だけの制度がまかり通る時代じゃない」と即答したのだという。

ここで、一つだけはっきりしていることがある。このことは不確かな推論ではなく、客観的事実の積み上げの中から、米国が日本を「利益確定」の対象とするための地歩を固めてきたことの「動かぬ証拠」の一つでもある。それは「会計基準」、ひいては「会計制度」という「書割」がいきなり反転したことによって、それに対応する知識と経験を持った会計士に対する需要が当然、日本でも急激に高まっていったという事実である。

しかし、国際会計基準あるいは米国型の会計基準は、知識としては日本ですでに流布してはいても、それを実践してきた人材は乏しかったのが実情だったはずだ。したがって、ここでビッグ・ファイブが「黒船来航」よろしく、それまで圧倒的に閉鎖的だった日本の会計市場へと一気に参入することになるのである。

日本のオリジナルな公認会計士の側としては、こうした「黒船来航」を甘受せざるをえなかったことであろう。なぜなら、ふり返ってみると、九〇年代半ばに相次いで倒産した日本の有名企業について、それまで会計士たちは「監査意見」の中で、特段の問題なしとして印鑑を押してきたという負い目があるからだ。ましてや、これまでの経験が乏しい「国際会計基準」の方向性に沿った作業も求められるとなれば、彼らとしてはもうお手上げである。そもそもGHQが戦後まもなく日本へ持ち込んだ公認会計士制度は、戦後五十年を経て、そこまで「錆《さび》付いて」いたというわけである。

もっとも、日本側においてささやかな抵抗が見られなかったわけではない。ビッグ・ファイブの日本進出にあたっては、そうした抵抗感を薄めるために「直接進出」ではなく「既存の会計事務所との提携」という形式が選択された。このことはビッグ・ファイブの側の日本側に対する「気遣い」を一応示してはいる。

しかし、そうした体裁はともかく、ここで日本側はもう後戻りできない一歩を踏み出したといえる。そもそも、米国の尖兵であるビッグ・ファイブであっても、「外人」＝よそ者であり、粉飾・逆粉飾が入り乱れて醜態あふれる日本企業の恥部へ入り込むことは、それまで不可能であった。それが、これからは「本当の財務諸表の作成」という名目で、自由に入り込むことができるようになったのである。

同時に、日本人公認会計士たちが積み上げてきた知識・経験が、名目はともかく実質的には使いものにならなくなった。そこでビッグ・ファイブとその協力者たちは、米国で学習し、公認会計士資格（CPA）を取得した日本人の若者たちを、日本中にあるさまざまな企業に配置することにも成功していくのである。

「アジア通貨・経済危機」の関連で紹介したIMFコンディショナリティーの中には、企業統治（コーポレート・ガヴァナンス）の確立が含まれていた。こうして中南米、ASEAN諸国、さらには韓国と並んで日本にも、IMFこそ介在させなかったものの、「企業統治」のための「会計ビッグバン」という「書割変更」によって、米国へとつながるヒューマン・インテリジェンスのネットワークが張りめぐらされるようになったのだ。

依然として人気の高い経営学修士号（MBA）を米国留学により取得する日本の若者たちについても、基本的に同じ発想で米国からの「網の目」がかけられていると言ってよい。それが証拠に、米国の主たる大学へ留学すると、世界中どこへ行っても一生使える電子メールアドレス（通常は企業であれ学校であれ、組織から外れれば登録を解除される）を渡される。これを使っている間に日本人卒業生たちの行動はトレースすることが可能なのである。

このように述べると、いわゆる「外資」から日本企業の杜撰《ずさん》な財務・経理の現場へと派遣され、正社員以上に汗水たらしながら働いている私の同世代の方々からいっせいにブーイングを受けそうである。私の多くの友人たちがそうであるように、実際、彼らは年俸こそ比較的よいとはいえ、長期雇用の慣行がまだ残っている日本企業とは異なる厳しい労働契約の下、即日解雇の恐怖に時には怯えながら、馬車馬のように働いている。しかも、そこで男性と女性との間に扱いの差はない。

しかし、そういった友人たちの姿、あるいは依然として期待に胸を膨らませて米国のアイビー・リーグ（東海岸のエリート大学）に留学している友人たちの姿を見ると、私はやるせなくなる。なぜなら、彼ら・彼女らが米国で刻苦勉励した後、世界の潮流にキャッチ・アップしようともがく日本企業へと深く入り込み、「会計基準」であれ「経営学の知識」であれ浸透させればさせるほど、事態はますます混乱するからだ。しかし彼ら・彼女らは、自分たちの仕事が日本を壊していることをはっきりとは知らない。やがて「情報の非対称性」が消えて剝き身となった日本経済が、「利益確定」というまな板に上げられることになる。

一人ひとりの会計士や経営コンサルタントたちは「守秘義務」を守り、ましてや日本人として日本企業を「刺す」ことはありえないにせよ（そう信じたい）、そこで行なわれたビジネス・レコードはすべてインターネットを経由してウォール街の本部へと蓄積されていく。誰しもが薄々その仕組みに気づいているだろうが、解雇の恐怖の中で沈黙を守り、あるいは積極的に「自らに与えられている役割」を認識し、「そういうもの」として活動していくことになる。

†「書割変更」から「自力疾走する構造改革」へ

これまで、「アジア通貨・経済危機」という巨大な「書割変更」を背景としつつ、「構造改革」が、とりわけ「金融制度改革」の分野において、まるで何かに突き動かされるように九〇年代後半の日本で進められてきた歴史をふり返ってきた。その個別の事象を見ると、改革措置は「合理的」といわざるをえない。

しかしアジア諸国からの企業上場を伴わないという意味で、「直接金融」へのシフトは不十分であった。そのことや、あるいは「会計基準・会計制度」の変更により、米国人脈へとつながる新世代の日本人会計士たちが日本中に展開していくことがもたらすデファクトな影響を考慮すると、一筋の「意図」が見えてくることも確認できたと思う。

さらにじっくりと眺めてみると、そこに見えるのは、「構造改革」というマジック・ワードにはまり込み、それを咀嚼するようでいて、もう後戻りすることのできない罠へと陥っていく哀れな日本の姿である。一度飲み込んでしまったものは二度と取り出せない以上、あとは踏み込んだ方向へと突っ走るしかない。たとえば会計士については、「国際会計基準」に準拠した「国際教育基準」が作られており、それに準拠した公認会計士教育が施されるよう、金融審議会公認会計士制度部会が答申を出しているほどである（「専門職大学院における会計教育と公認会計士試験制度との連携について」http:www.fsa.go.jp/news/newsj/15/singi/f-20031117-3.pdf)。

米国流の最新の知識を持った学生たちは、やがて留学をせずとも「国内生産」されるようになり、彼ら・彼女らがさらに国内へと「伝道」を進め、日本の企業経済の「恥部」が白日の下へとさらされ、その情報は人知れず集積されていくのだ。もちろん「恥部」は「恥」と思うのが日本人の心性（メンタリティー）なので、「何とかしろ」ということになる。そこでふたたび、今まで以上の大声で始まるのが「構造改革」という大合唱なのだ。

しかし、これらの「改革」をもってしても、米国側からすると「利益確定」をするのに十分な程度にまで、日本というワンダーランド（不思議の国）から「情報の非対称性」が除去されたわけではない。なぜなら、文革時代に毛沢東手帳を片手に街頭を練り歩いた「紅衛兵」たちのように、「構造改革」と連呼しながら日本の企業社会へと浸透してくる者たちであっても、どうしても入り込めない領域が残るからだ（会計士との関連で言えば、たとえば株式上場していない企業については法定監査の対象外となる）。

そこで、こうした「空白地」までをも網羅的に把握し、ターゲットとなる人、企業、組織、集団について根こそぎ情報を把握するための仕組みが必要となる。そのために用いられた道具（ツール）こそ、インターネットに代表されるＩＴ（情報技術）に他ならないのである。

第四章

決定打としての「IT革命」

†「IT革命」の日本における系譜

もはや「死語」となっている感がある「IT革命」の語であるが、二〇〇〇年に行なわれた沖縄サミットの際には、これは首脳たちによって議論される「主要議題」となるほどのテーマであった。それを思うと隔世の感がある。

この章では前章に引き続き、「IT革命」が日米経済摩擦を日本人の頭から「無意識化」させ、「構造改革」へと日本人をひたすら自力走行させることで、米国による「利益確定」システムへと追い込んでいくにあたり、「IT革命」のプロパガンダとそれが果たした「本当の役割」を検証していくことにしたい。その前に、「IT革命」をめぐるこれまでの日本における系譜を確認しておくことにしよう。

公文俊平が述べているとおり、「IT革命」という単語は二〇〇〇年になって突然「浮上」し、「流行語大賞」をとるほどまで盛んに用いられるようになった(公文俊平『文明の進化と情報化　IT革命の世界史的意味』NTT出版)。それ以前の時期は、むしろ「マルチメディア」という単語を用いるのが普通だった。この語もまた、記憶の中で薄れかかっている言葉の一つであろう。

「マルチメディア」を米国が大々的に取り上げ、それがやがて極東の同盟国・日本へと波及していったのは一九九三年のことである。この年の一月に発足したクリントン政権は、商務省を通じて「国内情報インフラのための行動計画（The National Information Infrastructure: Agenda for Action）」を公表し、国内の隅々まで情報化社会へと移行することが、国民の福利厚生の向上をもたらすと宣言した。

この「行動計画」によって得られる具体的な利益として明示されているのは、「雇用」「教育」「ヘルスケア」といった、「弱者保護」を謳う民主党の伝統的な政策目標にすぎない。しかし「行動計画」の末尾には、「米国の運命は情報インフラにリンクしている」といった物々しい一節が設けられているほか、高度情報化の推進が米国産業界の国際競争力の増進に直結するものだとも述べている。

クリントン政権下で強力に推進された「高度情報化」政策は、そもそも国際社会との競争を念頭に置いたものである。そのことは当時、日米包括経済協議の場において米国が日本側に強行に要求した項目の中に、「日本の公共部門における電気通信機器及びサービスの調達」が「確信犯的」に含まれていることからも分かる（一九九四年十一月に日米代表間で往復書簡を交換（http://www.mofa.go.jp/mofaj/area/usa/keizai/framework/index.html））。

そこで日本側は、「日本の公共部門市場における競争力ある外国の電気通信機器及びサービスのアクセス及び販売を相当程度増大させること」を約束した。これに対して米国側は、「アメリカ合衆国企業に対し、日本国政府によってつくり出された機会を活用することを勧奨」すると応えている。

米国内において「行動計画」が出されたタイミングと、日米経済摩擦で電気通信がイシューとなったタイミングが重なることは偶然ではなかろう。なぜなら「高度情報化」、あるいは最近の用語で言うと「ＩＴ革命」のコアとなるインターネットは、そもそも米国において国内を見る視点から開発されたものではなく、あらかじめ米国以外の諸国との関係を念頭に置いて研究開発されてきたものだからだ。そこには、しばしば流布されるような「インターネット市民（ネチズン）による自治（セルフガバナンス）」とは対極的で、むしろオーウェルの「１９８４年」に記された「ビッグ・ブラザー」顔負けの、国家による管理の歴史が横たわっている。

インターネットは冷戦構造下の米国で、旧ソ連からの核攻撃への対応策の一環として、すなわち国防政策の柱として研究開発されたものである。歴代の米政権はインターネット開発のために毎年、莫大な補助金を出し続けている。

たとえばウェブサイトを表現する言語について標準化を行なうＷ３Ｃの米国側事務局を勤めるマサチューセッツ工科大学（ＭＩＴ）の研究所は、そのプロジェクト費用の三分の一について米軍からの支援を受けていたといわれている（城川俊一・山田肇「情報システム」［植草益編

『社会経済システムとその改革　21世紀日本のあり方を問う』NTT出版〕)。また、インターネット上のアドレスについても米国政府は独占状態を維持しており、約四半世紀前に決定され管理されてきたIPv4で付与できる四三億個のアドレスのうち、約半分が米国内に配布され、国防総省だけで約一億個のアドレスを所有している。

それ以上に、インターネットはそもそも米国が開発したものである以上、そこに米国の「奥の院」しか知らないある種の仕掛けがなされていても当然だ。私は非外交ルートを通じて米国の「奥の院」からのささやきを聞くなかで、実は米国政府はすべてのサーバを開き、そこを経由するすべての電子メールを読む技術を有しているという情報に接した。

国内の関係者に機会あるごとにこの点について確認してきたが、今のところ、その存在をあからさまに認める者はいない一方で、完全に否定する者もいない。実際、サーバの鍵となるアルゴリズムを複数組み合わせた形であれば、原理的にそうした「オールマイティー・キー」をつくり上げることは可能であるようだ。

仮に、この情報が虚偽であったとしても、問題はなくならない。それぞれのサーバの管理者が米国の「奥の院」より派遣された人材であれば、こうしたヒューマン・インテリジェンスのネットワークに対して指示を出すことを通じて、「奥の院」は対象人物が送受信するあらゆる電子メールを好きな時に好きなだけ読み漁り、分析し、ファイリングすることが可能である。

したがって、いかなる場合であれ、インターネットとりわけ電子メールを使用する際には、米国の「奥の院」がそれを密かに眺め見ていることを忘れてはならないのである。「内緒話」だから「電話ではなくメールで送る」というのは誤りで、「内緒話」だからこそ「メールは避ける」でなければならないのだ。

米国からすれば、「情報の非対称性」が高い国家、地域あるいは人物や企業に対し、インターネットの導入を勧めることが国家としての利益にかなう。一面において、インターネットは誰の目から見てもたしかに「文明の利器」であり、勧められた方としてその導入を躊躇する必要はすぐには見当たらない。

しかし、首尾よく「情報の非対称性」を抱えたこれらの国家や地域、企業や個人がインターネットに接続した瞬間、そこで交わされるメッセージのすべてを、米国は人知れず読み取れるようになるのである。そこにはもはや、「情報の非対称性」はない。

さて、ここでふたたびインターネットの歴史に戻ることにしよう。——米国側によって「仕込まれた」形で始められた「高度情報化」あるいは「IT革命」は、最初から米国主導で進められ、他の諸国はそれに追随するしかない。こうした米国における「先進的」な動きに対し、日本の内外から「日本政府の無策」というお決まりの指摘と批判が起こり、出始めたのが一九九四年頃である（一世を風靡した西垣通『マルチメディア』岩波新書が刊行されたのもこの年である）。

これを受けて日本政府も、遅ればせながら、お家芸である「後手」を打ち始める。まず郵政省電気通信審議会が、「21世紀の知的社会への改革に向けて――情報通信基盤整備プログラム」を公表し、「マルチメディアブーム」に火をつけたのを皮切りに、一九九四年八月に内閣に「高度情報通信社会推進本部」が設置される。この「推進本部」が海外からの突き上げを踏まえて創られたものであろうことは、その設置の主旨として政府が、「高度情報通信社会の構築に向けた施策を総合的に推進するとともに、情報通信の高度化に関する国際的な取り組みに積極的に協力する」と説明していたことからも明らかである（傍線筆者、以下同）。

しかし、この段階ではなお、「IT革命」のコアになっていくインターネットに対する日本政府の認識は依然として乏しかったといわざるをえない。政府は一九九五年二月に「高度情報通信社会推進に向けた基本方針」を決定するが、この中で「インターネット」という単語はたったの二カ所しか出てこない。しかも、それに続く九〇年代半ばは不況が深刻化した時代なのであって、「インターネット」をコアとする情報化が持つ戦略的意義を理解していない日本では、「マルチメディア」という単語すら徐々にすたれていってしまう。

その一方で、クリントン政権は九〇年代半ば以降も、一貫して「インターネット」に対する集中的な支援の手を緩めなかった。その代表例が一九九六年に発表した「次世代インターネット計画（The Next Generation Internet Program）」であり、これによって米政府は二一世紀のために一億ドルの資金を投じることを宣言した。

しかしこの段階では、日米間の「規制緩和対話」の中で、インターネットが対日要求の一つとして前面に出されることはなかった（むしろ初期には、「ケーブルテレビ」の参入問題がメイン・イシューであったことに「歴史」を感じる）。ちなみにインターネットという単語が、この「規制緩和対話」の俎上にのぼるのは、二〇〇〇年に行なわれた第三回対話になってからのことである。

日本が「インターネット」に本格的に取り組み始めたのは、一九九八年十一月にあらためて「高度情報通信社会推進に向けた基本方針」を政府が決定してからといってよいだろう。そこでは、一九九五年の「基本方針」において二回しか言及しなかった「インターネット」という語をふんだんにちりばめつつ、しかも「経済構造改革」との関連で次のような「焦り」をも吐露したのである。

「経済構造改革等の強力な推進

「デジタル革命」によるパラダイム・シフトが起きようとしている今日、「情報の創造・流通」が経済活動において重要であるという新しい価値観に基づき、我が国の経済構造や産業

世帯、事業所及び企業でのインターネット普及率

（世帯普及率は86.8%、事業所普及率は81.8%、企業普及率は98.3%と横ばい。）

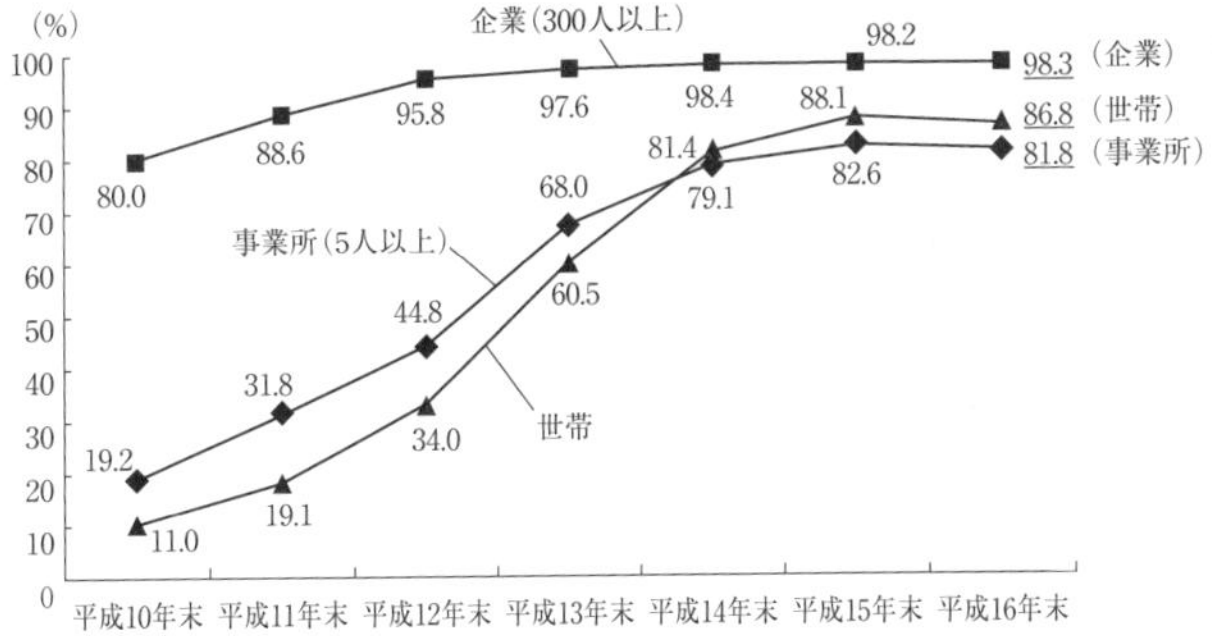

出典：平成16年「通信利用動向調査」（総務省）

構造の改革を一刻も早く強力に推進することが必要である。情報通信の高度化を通じて産業・生活の効率化や活性化を図っていくことこそが、硬直的な産業構造の変革に当たっての重要な点であり、国を挙げて取組むべき課題である。仮にこれを怠るようなことがあれば、情報化により効率的な経済構造・産業構造への転換の進む米国をはじめとする諸外国に遅れをとり、新しい価値観の支配する二一世紀において、中長期的な国際競争力の低下を招くことは必至である。」（一九九八年十一月「高度情報通信社会推進に向けた基本方針」）

この頃、日本では世帯別のインターネット利用率が一〇パーセントを超えた。マーケティングの世界においては、ある商品について潜在的な顧客の三割に達した後に爆発的な普及を遂げることが多いとされるが、このメルクマールとなる「三割」を超えるのは二〇〇〇年になるまで待たなければならない（総務省報道資料「平成十六年度通信利用動向調査の結果」）。

ここまで読み進めた読者の中には、「著者の主張はおかしいのではないか」と思われた方もいるかもしれない。前章の末尾で、私はインターネットが、米国による「ヒューマン・インテリジェンス」を日本社会の隅々まで行きわたらせる重大な役割を担っていることを「予告」した。

しかし、そうであればなぜ遅々として進まない日本の「IT革命」を、それこそ門戸をこじ開けてでも、米国は普及させなかったのかという疑問が生じるのである。日米間のやりとりの中で、米国は二〇〇〇年の「規制改革推進対話」までインターネットについて表向きは「無言」だったというのであれば、インターネットの背景にそのようなおどろおどろしい米国の戦略的意図は隠されていないのではなかろうか？

実は、米国政府がもはや頭ごなしに言ってこなくなったことには重大な理由があるのだ。まずは次のグラフを見てみよう。

先ほど、日本においてインターネットの普及率が世帯別で三割を超えたのは二〇〇〇年であ

世帯における情報通信機器の保有状況

＊携帯電話の世帯保有率は 91.1%
パソコンの保有率は 77.5%
カー・ナビゲーション・システムの保有率は 33.5%

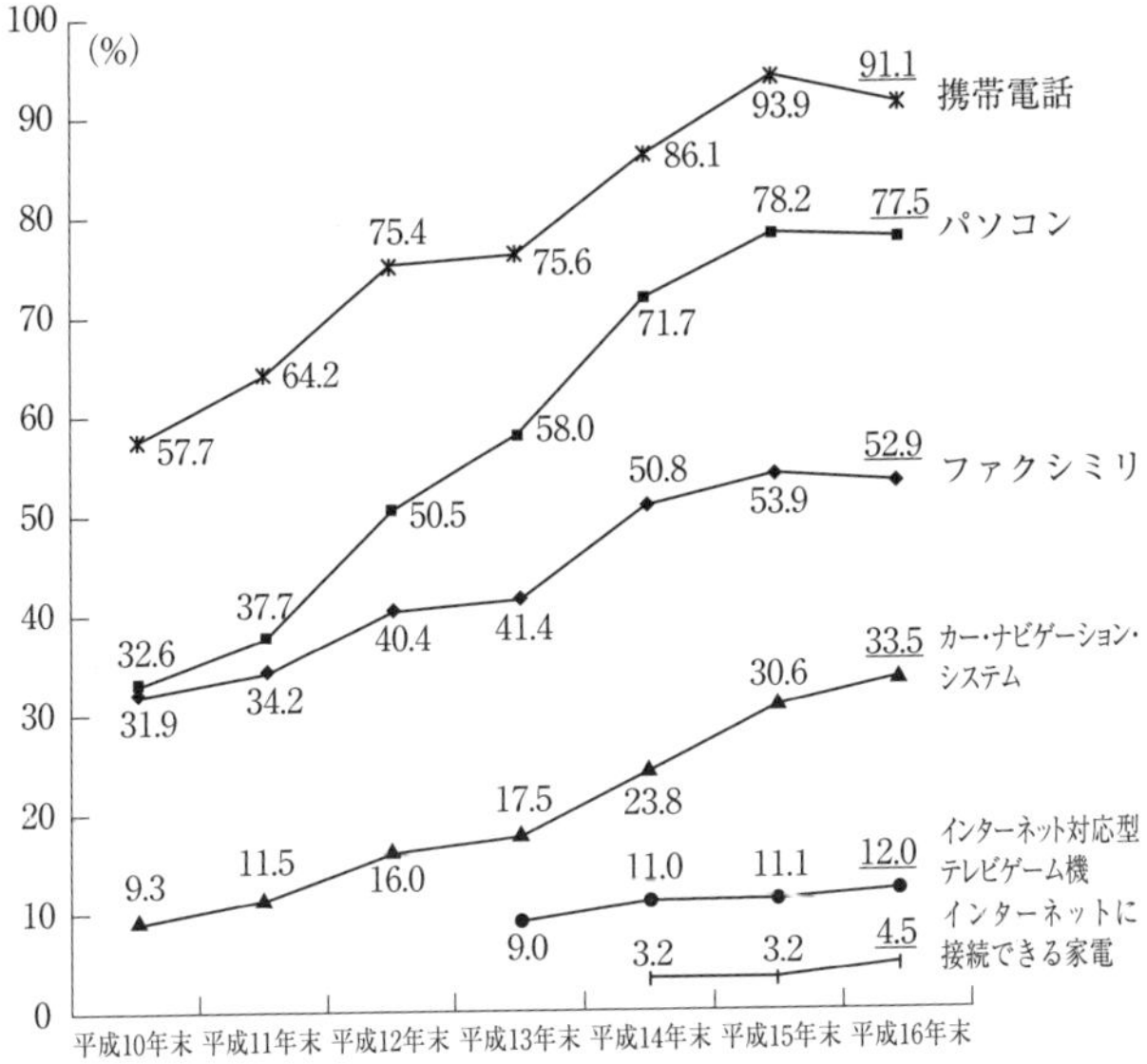

※インターネット対応型テレビゲーム機は平成13年から、インターネットに接続できる家電は平成14年からの調査項目。

出典：平成16年「通信利用動向調査」（総務省）

ることを紹介したが、その一方で、すでに九八年度の段階で実に五〇パーセントを超える普及率を誇り、まさに「国民的ディバイス」としての地位を確立しつつあった通信機器がある。――「携帯電話」である。あなたが米国の「奥の院」における国家戦略担当だったとして、このデータを見たらどう考えるだろうか。「それなら、すでに五割以上の日本人が身近に持っているディバイスに、インターネットをのせてしまえばいいじゃないか」と思うに違いない。

ここで、「携帯電話にインターネットをのせる」という斬新なアイデアについての「歴史」を紐解いてみる。日本で携帯インターネットの草分けとなったのは、NTTドコモの「iモード」である。一九九八年十一月十九日に公表されたこの画期的な製品プロジェクトは、その斬新さと共に、プロジェクトチームを率いたのがリクルート出身の女性・松永真理であったことからも大変な注目を浴びた。

私は彼女の著書『iモード事件』の中に、次のような記述があることを見つけた。まずは一九九七年三月初旬、松永のもとに友人の橋本雅史より電話が入った時の光景から。

「「真理ちゃんに紹介したい人がいるんだけど、時間取ってくれない?」

「橋本さんの頼みなら断れないけど、紹介したいってどんな人?」

「NTTドコモってあるじゃない。そこの榎さんという部長なんだけど。その榎さんが真理ちゃんに是非にと頼みがあるらしいんだよ。それからもう一人、外資系のコンサルタントをやっている会社があるんだけど、MBAっていうの、アメリカの修士か博士か知らないけど、そういうすごいのを持っている人たちが集まっている会社があるでしょ。そこの人も一人来るみたいだけど」

そのあと彼は、二人を表す言葉を熊本弁でこう付け加えた。

「まあ二人とも東大とか早稲田の理工とか、頭はよかばってん、話は面白うなかさ。そこんとこは、真理ちゃん覚悟しといてね。」（松永真理『iモード事件』角川書店）

実はこの「外資系のコンサルタント」こそ、これまでDopaといった携帯電話を用いたデータ通信を試みたものの不評だったNTTドコモに対し、この新しいプロジェクトを提案した米系経営コンサルティング会社の雄「マッキンゼー」のコンサルタントだったことが、その後の記述で明らかとなる。松永はプロジェクトの長として採用されるが、重大な局面になると、本来の「提案者」であるマッキンゼーがいつも顔を出す。

松永は彼らのことを疎《うと》ましく思っていたことを吐露するが、元来の「提案者」である以上、彼らを排除することはできない。重要な企画会議でカタカナ英語を連発するマッキンゼーに対する嫌味を述べる下りで、松永は次のように書いている。

「マッキンゼーという外部の人間が、なぜ会議の主導権を取っているのか。

その謎が解けたのはしばらくしてからだった。

最初にこの新規事業を提案したのは、前にも述べたようにこの経営コンサルタント会社である。彼らは、最初の手がかり足がかりとして「新しい携帯電話」のイメージを描いていた。アメリカに本拠地を置くマッキンゼーは、世界中の一流企業の経営コンサルタントをするため、持っている情報量は豊富だ。彼ら自身が独自に持つネットワークを生かし、欧米で行われている通信の形態を研究し尽くしている。

最新の技術や各国の通信事情といった初歩的な知識を講義しながら、最先端の通信の事情に疎いドコモの社員――なにしろメンバーは皆さまざまな部からの寄せ集めだ――を啓蒙しようとしているのだ。」（前掲書）

しかし、リクルートで名うての編集長であった松永は、技術こそ分からないものの、顧客が好むコンテンツを知っているのはむしろ自分だと折々の場面で主張し、明らかにここでは「悪役」にされているマッキンゼーのコンサルタントたちを駆逐していく。「外資」を破る日本の女傑という「書割」だ。

この光景は、戦後まもなく、街頭に置かれていたテレビの中で力道山が宿敵・シャープ兄弟に空手チョップを加え、打ちのめしていく姿に拍手喝采していた時の日本の熱狂すら彷彿させる。一カ月の料金設定を「五〇〇円」にするか「三〇〇円」にするかをめぐって、「マッキンゼーといった、パソコンを日常的に使いこなすハイエンド系ユーザー」が推す前者の価格を打ち負かし、後者の価格で「成功」した松永はこの本の中で実に意気揚々としている。

だが、誰しもが「日本のヒーロー」と信じていた力道山が隣国・北朝鮮へと連なる血脈を持ち、彼と組んで「鬼畜米英」の「書割」を演じたシャープ兄弟がいったい何者だったのかを私たちは知らない。それと同じように、打ち負かされたマッキンゼー、さらには米国の「奥の院」が抱いていた「真意」を、松永はおろか私たち日本人は通常、思いつきもしないのだ。

もちろん、当時、NTTドコモの中で孤軍奮闘したであろうマッキンゼーの若きコンサルタントたちの努力や、それに相対して「素人感覚」でこのプロジェクトをビジネスとしては成功させた松永とその混成チームの熱意や努力を否定するつもりはまったくない。さりながら、本書をここまでお読みいただいた方には、ここで形式的にマッキンゼーが「負けた」としても、米国による日本の「利益確定」へと連なるシナリオの中では寸分の狂いもなく場面は進められ、日本こそ密かに「負けた」のだということを理解いただけたことと思う。

なぜなら、現場の関係者の意図や情熱はどうであれ、「結果」として、これを境に日本におけるインターネット使用人口は爆発的に増えたからである。松永たちが「たった七人」の記者たちを相手に「iモード」のプレス発表会を行なったのが一九九八年十一月十九日のことである。実際、同年末のインターネット普及率は一三・四パーセントであったのが（対前年比四・二パーセント増）、一九九九年末には二一・四パーセントまで急増し、その後も一貫して増加していく（総務省調べ）。

くり返しになるが、私は何もNTTドコモが世界に先駆けて開発・発売した日本の主力製品の一つである「iモード」、あるいは競合他社がその後に追随して発売した同種の携帯インターネットサービスの存在意義や、その発売に至るまでの関係者の熱意を否定するものではない。「フロンティア」精神という意味では、開発・発売までのプロセスにとっては不可欠な存在であった、マッキンゼーより現場に派遣された若きコンサルタントの方々へも敬意を表したいくらいだ。

しかし、「そのこと」と、この出来事が持っていた「客観的な意義」を検証し、そこから米国の「奥の院」が日本を「利益確定」の対象へと導いたという「現実」について思考停止することとは違うのである。その意味で、松永の著作のタイトルではないが、「iモード」の登場は日本史上の「重大事件」だったことを忘れてはならないだろう。

こうして、多くの日本人が持っている「ケータイ」にインターネットをのせることを通じ、日本人には「一人一メールアドレス時代」が到来したのである。その結果、日本社会に最後まで残っていた「情報の非対称性」が、この章の冒頭に述べたようなリスク（米国の「奥の院」がすべてのサーバを開きメールを読み漁る、あるいは米国のエージェントであるサーバ管理者が、日本人たちが飛び交わすメールを「奥の院」へ引き渡し報告するといったリスク）にさらされることとなった。米国の「奥の院」から見て、日本は丸裸になったのだ。

†「情報の非対称性」を打ち壊すGPS

この時代に日本で発売された経済雑誌をふり返ると、そこには「携帯電話文化は、秩序ではなく混沌を旨とするアジアだからこそ適合するものだ」という論調が目立っている。こうした論を述べる者からいえば、かつてのようにどこにあるとも分からない「公衆電話」を探して営業担当のビジネスマンたちが街を徘徊するという「非効率性」をなくし、必要とあらばインターネットに接続して大量のデータ通信を可能とした「携帯電話」は、アジアにおいてこそ「革命的な存在」だったということになるのかもしれない。

ただし、「アジアの文化」ということをあえて強調するのであれば、そこにある「混沌」が「未開のもの」であり、「忌むべきもの」であると断言するのはあまりに短絡的すぎることは、これまで何度も述べてきたとおりである。ある国のマーケットを攻略する外部の者からすれば、「そこで何が起きているのか」が分からないという意味での「情報の非対称性」は、そこからの「富の移転（トランスファー）」にとっては最大の障害である。しかし、逆に「攻略される側の論理」からいうと、これほど有力な「武器」はない。

前章において「アジア通貨・経済危機」をとりあげた際に、「富の移転」を目的とした米国の長年にわたる国家戦略の根幹には、対象地域における「情報の非対称性」の除去という目標があると述べた。今から考えると、携帯電話についても同様な発想を、「結果」として客観的な形でトレースすることが可能である。そのことは、今や日本の携帯電話なら普通に付いている「GPS機能」について考えると、よく理解できる。

GPSとは「グローバル・ポジショニング・システム」の略称であり、その名のとおり、「地球上のどこにいても居場所が分かるシステム」のことである。米国コロラド州にある本部でコントロールされている米国所有の二十四の衛星のうち、三つを使用して常時、位置計測ができるのがGPSである。日本でも現在、携帯電話やカー・ナビゲーション・システムといった日常生活で必要なもののみならず、船舶航行や森林観測、あるいは交通規制など、幅広い分野で活用されている。

もっとも、このように「民生需要」のために頻用されているからといって、あるシステムがそもそも「平和利用」「民生用」だけに使われているかというと、まったくそうではない。一見すると無害であるかのように思えるインターネットの歴史の中に、誰が軍事の影を見出せるだろうか。今ではタクシーなどにふつうに搭載されているカーナビにも利用されているGPSについても、同じことがいえる。

GPSを開発したのは米国の国防総省である。国防総省が、一九二〇年代より使われてきた長波による「ロラン」などの航行システムに代わる位置測定システムを、米海軍のために開発すべく、GPS開発プロジェクトに着手したのが一九六〇年代のことである。その際、具体的に利用が検討されていたのは、弾道ミサイルをいかに的確に目標へ誘導するかということであり、国防総省はその先駆的なプロジェクトであるTRANSITおよびTIMATIONの二つに莫大な予算と人員を割いたといわれている。

GPSの初期段階ともいえるこうしたプロジェクトの、民生需要への転用はすでに一九六七年の段階で行なわれており、まずはTRANSITが民間企業へと開放され、民間船舶の航行用に用いられた。またもう一つのプロジェクトであるTIMATIONも一九六四年には運行をはじめ、そのために開発された二つの衛星は後にGPSにも用いられた。

この後、国防総省の指示により、海軍および空軍がそれぞれ個別のプロジェクトを進めたが、一九七三年に空軍の下に統括された。ここから一九七九年までの六年間にわたって、初期段階のGPSについてテストがくり返され、さらに一九八九年に至るまで最終段階の開発が急ピッチで進められることになる。

民生需要への正式な転用について米国政府がアナウンスするきっかけになったのは、一九八三年の「大韓航空機爆破事件」である。レーガン大統領（当時）のイニシアティブにより、国防総省は運輸省に対しGPSの民生運用のための協力を依頼し、これが実現したことで世界中の航空機、船舶へとGPSが普及していくこととなる。

もっとも、民生需要での使用の普及が、GPSの元来の目的である軍事利用を頭打ちにしたわけではまったくない。むしろ九〇年代になると、GPSは武力行使の最前線で急速な普及を見せていく。

八〇年代末にもGPSは軍事目的で実際に使われていたが(たとえば一九八九年十二月のパナマへの介入時)、湾岸戦争において初めて本格的に使用され、とりわけ「砂漠の嵐」作戦においては、もはやGPS抜きに現代の戦闘行為が不可能であることが実証されたとすら言われている。このように軍事的な意味合いが強いGPSであるだけに、現在でもそのコントロールは依然として国防総省(空軍)および統合参謀本部が行なっている。

GPSをめぐるこれまでの歩みをふり返るだけで、読者の方々のお手元にある日本製携帯電話についたGPS機能が、世界的な軍事上の文脈でいかなる意味合いを持ってきたかが想像できよう。そして、GPS機能のついた携帯電話であれば、発信者がGPS機能を使っていようがいまいが、GPSで得た位置情報を携帯電話基地局を経由して自動的に第三者に発信する仕組みを盛り込むことが、原理的には可能である。

つまりこの場合、発信者は意図せずして、第三者につねに居場所を知られることになってしまうのだ。これは、サーバをオールマイティー・キーで開けられて、すべての携帯メールを見られること以上に、日本社会が元来持っていたはずの「情報の非対称性」を叩き壊す効果を持った仕組みであると言うことができよう。

しかも、このようなGPS機能付き携帯電話が日本に普及したのは、「IT」がブームになってからなのである（今では、携帯電話を購入すると、一部の機種には知らない間にGPS機能が付いてくる）。このことだけでも、「IT革命」という標語とそれに伴う一連のITビジネスの「展開」が、米国の対日政策、とりわけ「利益確定」に至るまでの細かなヒューマン・ネットワークの展開、あるいは閉鎖的な日本社会におけるヒューマン・インテリジェンス情報の把握にとって、どれほど大きな意味を「結果」として有していたのかについて容易に推し量ることができる。

もっともこのように述べると、「GPSの起源やそれをコントロールする権利が米国に握られているからといって、日本も政府・国家としてGPSを共同で管理する立場にあれば、何も問題はないのではないか」という反論が聞こえてきそうである。実際、日本国内にもGPSに関連する団体あるいは企業はたくさんある。日本自身も海洋国家として航海にもはや不可欠なGPSの運用・開発に「一枚かんでいる」のであって、私が述べるような受身には終始していないかのようにも思える。

しかし、米国が日本を「利益確定」の対象とし、そのための国家戦略を展開する中での出来事としてGPSをとらえる時、米国としては日本の積極的関与により、この分野で自らが「手を縛られる状況」になることを最も危惧するだろうことは容易に想像がつく。そのため、日本においてヒューマン・インテリジェンスの観点から携帯電話、さらにはそれへのGPS搭載が方向として確立していく前に、外交的手段を用いつつ、「協力」の名の下に米国中心のフレームワークへと日本を追い込んでおくことが不可欠となる。

これが実際に外交の場面で実現したのが、一九九八年九月に小渕総理（当時）とクリントン大統領（当時）との間で最終的に合意を見た「全世界的衛星測位システムの利用における日本国政府とアメリカ合衆国との間の協力に関する共同声明」である。この「共同声明」は以下のようなポイントに言及している（「我が国における測位衛星システムのあり方について・中間整理案」総合科学技術会議・宇宙開発利用調査会〈二〇〇四年一月〉より抜粋）。

（1）米国は、平和的、民生的、商業的及び科学的利用のために、継続的かつ全世界の利用者に対して直接課金することなくGPS標準測位サービスの提供を継続する。

（2）日本は全世界的な測位、航行及び調時の標準の一つとして、GPS標準測位サービスの幅広くかつ効果的な利用を促進するために、米国とともに密接に行動する。

（3）両政府は、緊急事態に対する準備の必要性とともに、民生利用を不当に中断又は劣化させることなくGPS及びその補強システムの誤用・悪用を避ける必要があることを確信する。
（4）両政府は、GPSの民生利用を促進及び円滑化するために協力する。
（5）日米GPS全体会合の設置を決定する。

外交文書の文言を解釈することは、易しそうに見えて案外難しい。たとえばこの「共同声明」の内容も、米国がタダでGPSを提供するので、日本側はこれを喜んで受け取り、以後も両者で仲良く協力していきましょうと読めないことはない。

しかし、まず第一に、「無償」で提供されるものが本当に「タダ」であるかどうかは検証する必要がある。「タダほど高いものはない」というが、この要旨を眺めると、日本は三つほど米国との間で重大な約束をしていることが分かる。一つには、日本は米国中心のGPSの発展を促進する役割を負わされてしまっている。また、日本はGPSの民生利用についても抜け駆けは許されなくなっており、米国と協力することを約束している。

さらに、GPSについて話し合うための会合を立ち上げたことで、GPSに関する日本側の決定権者が会合の現場で把握され、必要とあらば後日「ロビーイング」の対象となる危険までおかしてしまっているのだ。ペーパー同士でやりとりをするだけでは、米国側から見て、日本側の決定権者が誰なのかすぐに把握することはできない。その意味で直接相対しない限り、米国によるこうしたロビーイングは、情報の非対称性が著しい日本の官僚制を対象とすると大変難しいことが多い。しかし、この共同声明で、そんな障壁もとり除かれてしまった。

もっとも、日本側にも「緊急事態に対する準備」をする権利は留保されているかのようにみえる。しかし、その後の日米GPS全体会合でのやりとりを見れば、日本が開発を許された「準天頂衛星システム」はあくまでもGPSを補完するものとして位置づけられており、EUが二〇〇八年に民生用での運用を開始しようとしている「ガリレオ計画」のように、GPSに真っ向から対抗するものではないのだ（二〇〇五年十一月十六日付総務省報道発表文〈http://www.soumu.go.jp/s-news/2004/041119_4.html〉）。

マーケットとして「情報の非対称性」に富んだアジアの一員である日本が、最終的に「利益確定」のターゲットとされる時に、決定的な役割を果たすツールとしてのさまざまなIT（インターネット、携帯電話、GPS）の歩みをふり返ってきた。ここまでの記述だけをみても、米国側がマーケットの動向を注視しつつ、いかに戦略的に、時間をかけて日本を「IT中毒」にしてきたのかが分かる。

しかし、先ほども触れたとおり、日本で最も「情報の非対称性」が大きく、それでいて「利益確定」の対象としては無視できず、その一方で米国に対し密かに抵抗してきたのが「官僚

IT戦略会議（平成12年7月設置）構成メンバー

＊肩書きはいずれも当時のもの

議長 出井　伸之	ソニー株式会社会長兼CEO
石井　威望	東京大学名誉教授
伊藤　元重	東京大学教授
今井　賢一	スタンフォード日本センター理事長
氏家　齊一郎	日本テレビ放送網株式会社社長
牛尾　治朗	ウシオ電機株式会社会長 第二電電株式会社会長
海老沢　勝二	日本放送協会会長
大山　永昭	東京工業大学教授
梶原　拓	岐阜県知事
岸　曉	株式会社東京三菱銀行会長
椎名　武雄	日本IBM株式会社最高顧問
孫　正義	ソフトバンク株式会社社長
竹中　平蔵	慶應義塾大学教授
張　富士夫	トヨタ自動車株式会社社長
西垣　浩司	日本電気株式会社社長
福井　俊彦	株式会社富士通総研理事長
宮内　義彦	オリックス株式会社会長兼グループCEO
宮津　純一郎	日本電信電話株式会社社長
村井　純	慶應義塾大学教授
室伏　稔	伊藤忠商事株式会社会長

出典：首相官邸ホームページ

制」である。では、米国はこの「官僚制」についてどのような処置を施したのだろうか。――ここでふたたび「外交」の表舞台が登場し、「IT」の語が乱舞することになる。

†外交課題となった「IT革命」

二〇〇〇年に入り、「IT革命」という和製英語がメディアを席巻する中、政府は「情報通信技術戦略本部」を内閣に設置し、「IT戦略会議」を設置した。それよりもっと前の「マルチメディア」の時代から「高度情報通信社会推進本部」が政府部内に存在していたことからいえば、なぜ「屋上屋」を重ねることになったかに疑問がないわけではない。だが、ここではひとまず、それほどまでに「IT革命」をめぐる政府への風当たりが強かったのだと理解しておくこととしよう。

実際、政府としての「IT革命」に関する焦りは、この「IT戦略会議」の設置を定めた「情報通信技術戦略本部長決定」(二〇〇〇年七月七日)の冒頭にある、次のような文言にも如実に表れている。

「真に豊かで活力ある経済社会の実現のためには、世界規模で生じている情報通信技術(IT)による産業・社会構造の変革(いわゆる「IT革命」)に、我が国として戦略的かつ重点的に取り組むことが重要である。IT革命の恩恵を全ての国民が享受でき、かつ国際的に競争力ある「ＩＴ立国」の形成を目指し、官民の力を結集して、戦略的かつ重点的に検討を行うため、「ＩＴ戦略会議」を設ける。」

この章で後に述べるとおり、そもそも「ＩＴ革命」によって「真に豊かで活力ある経済社会」が目に見える形で実現されたというデータはないのだが、ここでは日本政府として、何ら具体的な検証結果に触れることなく、「とにかくＩＴ革命だ」という意気込みを述べられている。

実はこれに先立つ四月二十八日から五月六日まで、森総理大臣（当時）はＧ８各国を訪問し、夏に開催される沖縄サミットに向けた「根回し」をしている。この時、森総理はクリントン大統領（当時）と会談し、サミット議長国として「一層の繁栄」「心の安寧」「世界の安定」の三つのテーマを沖縄サミットで提案したいとして、第一項目の具体的な中身として「ＩＴ革命の促進」を挙げている。

サミットは通常、首脳同士での会談（つまり「本番」）を迎える前に、シェルパと呼ばれるシニアの外交官（日本の場合には経済担当外務審議官）が首脳の個人代表として念入りな準備に携わる。その際、議長国が議題設定などについてイニシアティブをとることは言うまでもないが、各国のコンセンサスが得られない話題を議題として設定することは常識的にはありえない。

したがって、すでに五月初旬の段階で森総理が「ＩＴ革命」を取り上げるということをＧ８

各国首脳に向かって発言している背景には、米国を含む各国の側においても、これに「賛成」であったという事実があったものと考えなければならない。もっとも、それを超えて、米国が果たしてどのようなルートを使って議長国である日本側へ「積極的」な働きかけを行なったのかは、「IT革命」の語が突如として流行語となった経緯と同様に、現段階で検証するのはとても難しい。

いずれにせよ、客観的な事実だけを踏まえても、栄えある「サミット議長国」として、日本が「IT革命」について自らネジを巻かなければならない立場に置かれたことが分かる。その流れの中で、国内上の目立つ「特段の施策」として「情報通信技術戦略本部」、そして「IT戦略本部」が設置されたものであることは容易に察しがつく。

後世に残る沖縄サミットの「正史」を示す史料として、「IT革命」について「グローバルな情報社会に関する沖縄憲章」と題する特別な文書が、メインの首脳宣言とは別に採択された。その中には次のようなフレーズがある。

「ITが提供する機会（デジタル・オポチュニティ）の提供（第六パラグラフ〈抜粋〉）

・すべての国民による政府へのアクセスの改善を確保する上で不可欠な、公的部門によるITの積極的利用及びサービスのオンラインでの提供の推進。」

それ以外にも「IT革命」がもたらすであろう「効能」についての説明がちりばめられてい

る。しかしここでは、このような宣言を通じて、日本政府がＧ８各国首脳の前で、「情報の非対称性」の強い日本の「官僚制」について透明化が図られるための「ＩＴ化」につき、コミットメント（約束）をしていることを強調しておきたい。

続く第七パラグラフでは、個人情報保護についての配慮が述べられている（「情報の自由な流れを保護しながら、効果的で意味のある消費者のプライバシーの保護及び個人情報の処理におけるプライバシーの保護を構築する。」）。ただし、それはあくまでも個人レベルの権利保護にとどまるものだ。ここでいうような巨視的な観点、つまりＩＴがそもそも誰によって管理され、そこで流通する情報はどこに行き着くかという、国家対国家の戦略という観点から首脳同士が議論した形跡は見られない。

こうして日本が行なった外国への「約束」を実現するために、日本政府部内でＩＴ戦略会議が定めたのが「ＩＴ基本戦略」（二〇〇〇年十一月二十七日決定）だ。その中では次のような荘重な「哲学論」と共に、「電子政府の実現」が一つの目標として明示されている。

「電子政府は、行政内部や行政と国民・事業者との間で書類ベース、対面ベースで行われている業務をオンライン化し、情報ネットワークを通じて省庁横断的、国・地方一体的に情報を瞬時に共有・活用する新たな行政を実現するものである。その実現にあたっては、行政の既存業務をそのままオンライン化するのではなく、ＩＴ化に向けた中長期にわたる計画的投資を行うとともに、業務改革、省庁横断的な類似業務・事業の整理及び制度・法令の見直し等を実施し、行政の簡素化・効率化、国民・事業者の負担の軽減を実現することが必要である。

これにより誰もが、国、地方公共団体が提供するすべてのサービスを時間的・地理的な制約なく活用することを可能とし、快適・便利な国民生活や産業活動の活性化を実現することになる。即ち、自宅や職場からインターネットを経由し、実質的にすべての行政手続の受付が二十四時間可能となり、国民や企業の利便性が飛躍的に向上する。

このように、電子政府は、ITがもたらす効果を日本社会全体で活用するための社会的基盤となるものである。」

「沖縄憲章」と同じく、ここにもまた日本政府にありがちな無防備な楽観主義が見てとれる。とりわけ「ITがもたらす効果」について言及する一方で、その「危険性」、しかも歴史的経緯や政経合体の国家戦略から見た「危険性」について顧慮しようとしない態度には、当時の日本側の焦り以上に、何者かの何らかの「意図」すら感じられないだろうか。

しかし、「電子政府」の実現へ向け日本政府が自ら巻いたネジは、とどまることを知らない。二〇〇一年に「e-Japan 戦略」と「e-Japan 重点計画」が「IT基本戦略」に基づく流れの中で決定されて以来、今日有効な「IT政策パッケージ2005」(二〇〇五年二月二十四日決定)

に至るまで、毎年、「戦略」と「重点計画」の中で末端の行政に至るまでの「電子化」が計画・実行され、検証されてきているのである。

では、こうした取り組みについて米国側はどのような態度を示しているのだろうか。前章でも述べたとおり、日本国内において「構造改革」を後押しするヒューマン・ネットワークが確立されれば、あとは「利益確定」へのラインから日本が逸れないように監視すれば足りるという対応に終始しているのが実情だ。

たとえば、ブッシュ政権と小泉内閣の間で立ち上げられ、現在も続いている「日米規制改革及び競争政策イニシアティブ」の情報技術作業部会の第一回会合（二〇〇三年十一月十一日、東京にて開催）において、これに関連したやりとりが交わされたことがある。そこで米国は「日本の「e-Japan 戦略II」「e-Japan 重点計画２００３」等にくり返し言及し、「ＩＴ国家化に向けての日本の取り組みを支持する旨の表明」をしたと日本の外務省自体が説明している(http://www.mofa.go.jp/mofaj/area/usa/keizai/kaigou2003_04.html)。

かつてのクリントン政権時代には時として激しく、日本における「規制緩和」を求めてきた米国側の姿はもはや見当たらない。むしろ米国は、あたかも子供を温かい目で見守る父親のように、外交場裏においても日本がＧ８沖縄サミット以来、自ら約束した「ＩＴ国家化」、そして「電子政府化」の進捗状況をチェックし、これに「声援」を送るという態度に終始している。

しかし、こうした「状況の変化」は日本が「大人の国」となったからではなく、「声を荒げる必要がなくなるほど、日本を内部から密やかに動かせることになったからだ」ということを、当時の最大の「旗振り役」竹中平蔵氏による次のような言葉を引用することで改めて確認しておくことにしたい。

「日本政府は、IT担当相、IT戦略会議を設置して、「デジタル革命」に向けての具体的な政策を検討しています。しかしこの作業は急を要しています。この一年間にどのような対応策をとるかによって、五年後の日本経済あるいは日本社会の状況が規定されてしまうといっても過言ではないからです。現在の政策対応はそれほどに重要なのです。」

（前掲『デジタルエコノミー2001 日本とアメリカ』フジタ未来経営研究所）

†必要なのは新しい「情報リテラシー」

誤解しないでほしいのだが、私はITについて、たとえば第二次産業革命時代の英国で人々が製造機械の打ちこわしを行なった「ラッダイト運動」のように、「反文明・反技術主義」を主張したいわけではない。私であっても、現実に毎日、電子メールを使って仕事の連絡をし、インターネットで資料検索をし、GPSで居場所を確認してはお目当てのレストランを探し出したりしている。現代の日本人の生活の中で、もはや後戻りできないほどITは日常に入り込んでおり、「利便性」のためにそれを捨て去ることは事実上できなくなってしまっている。これはこれで、現実として認めなければならない。

しかし、そうであっても重要なのが、これまで述べてきたような「ＩＴ革命」がもつ本当の意味での「歴史の流れ」を、正確に知ることであるという点には何ら変わりはない。そしてこれを知ることの重要性は、専門家たちも「ＩＴは結局、経済にプラスの影響を大きく与えるものかどうかは分からない」と述べており、したがってＩＴの経済的合理性については依然はっきりしていないということを知れば、読者にも理解していただけるはずだ。

たとえばハードウェア産業においては、ＩＴによる生産性上昇への影響が見られるが、それ以外の産業については表れていないという指摘もある。ＩＴによる生産性向上があるからこそ、平成バブル不況の中で「ＩＴこそが救世主」とばかりに、ＩＴ産業を中核とした「ニュー・エコノミー論」に官民挙げてのったのが二〇〇〇年前後の日本だとすると、こうした「ニュー・エコノミーは単なる幻であった」とするその後の数多くの研究は、政府関係者にとって耳が痛いものだ。

この点について最近公表された論文（元橋一之『ＩＴイノベーションの実証分析』東洋経済新報社）は、九〇年代のマクロレベルでの全要素生産性は、日本といえども米国と遜色がないほど

アメリカにおけるIT投資の増加と生産性向上の相関関係

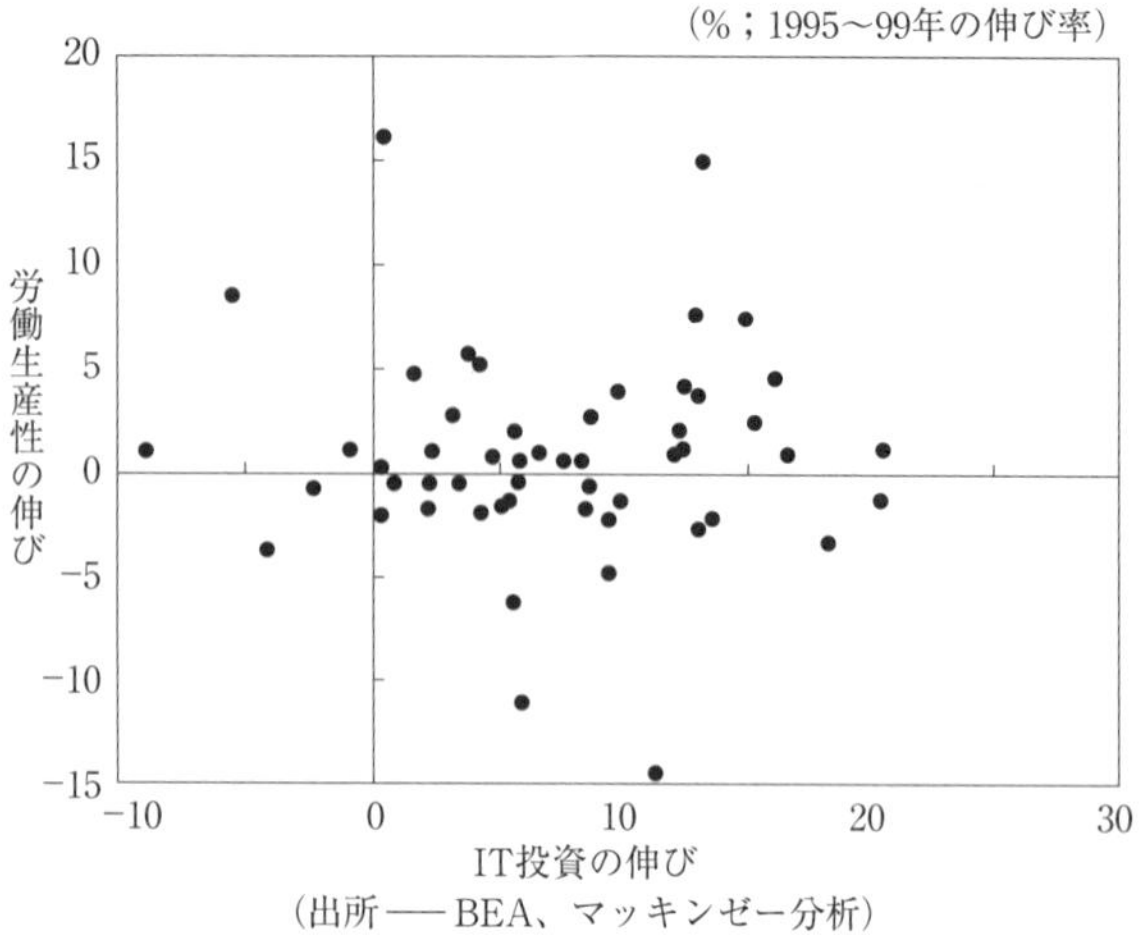

出典：横浜信一他編著・監訳『マッキンゼー　ITの本質』ダイヤモンド社

上昇していることを指摘している。しかし同時に、この「上昇」の内訳が急速に技術革新の進むＩＴセクターが牽引するものであって、ＩＴを使う側（ＩＴユーザーセクター）における生産性上昇率そのものは緩やかであったと結論づけている。

またこの論文は、ＩＴが有効活用されることによって、生産性向上はありうるとする。しかしその一方で、ＩＴはリストラや組織改編といった業務の効率化とのあわせ技で貢献したにすぎず、企業のシェア拡大にはつながっていない点も指摘している（いわば「縮小均衡の生産性向上」）。

それればかりではない。ＩＴと企業との関係についてより細かく見ていくと、そもそもＩＴによる技術革新がもたらした経済モデルの変革に、企業内部市場を中心とし、銀行を中核とした資本市場、それに年功序列や終身雇用といった日本型労働慣行を育んできた「日本型システム」がそもそも適合的ではなかったという指摘もある。そうなると、前章で述べた「書割の変更」に「IT革命」も限りなく密接な役割を果たしていたといえなくもない。

つまり「IT」とは、安泰だった日本経済に外から送り込まれた「トロイの木馬」だったのではないかという「疑惑」である。——そもそも病人になりかけの身体に毒薬をあえて注入するようなことをすれば、どういうことになるのか。その結果はおのずから明らかだろう。

アカデミアの実証研究はともかく、それでは企業の現場により近いところにいるはずの経営コンサルタントたちの意見はどうか。この点について、先ほどの「iモード事件」でも登場したトップクラスの米系企業は、まず米国の例を挙げながら、IT投資の増加と労働生産性向上の間には一見明らかな関係は見られないとする。

その上で、「経営者はITが投資効果を生み出すかどうかを問う前に、新しいビジネスモデルを生み出す工夫・努力をしているかどうかを自らに問うべきである。」と述べる（横浜信一他編著・監訳『マッキンゼー　ITの本質』ダイヤモンド社）。経営陣が戦略についていろいろと議論した後に、それを実施しやすくするためにこそIT投資を行なうべきだというのだ。

しかし、こうした「論理」が多くの日本企業にとって文字どおり「煙に巻く議論」であることは容易に想像がつく。「IT革命」の時代には、官民挙げて「ITこそが経済、そして世界の本質を変える」と追いつけ追い越せの努力をくり広げたのが日本の実態なのだ。それがふと気づいた時、あるのはITそのものを専業とする企業の発展だけで、それ以外は「縮小均衡で生産性向上」というのであれば、何のための「IT投資」だったのかと頭を抱えざるをえないのではなかろうか。

ちなみに興味深いのは、「それでもIT投資は必要だ」とマッキンゼー（同種のコンサルタントも同様の議論をするだろう）が主張していることである。彼らは、一つには他社との関係で競争優位のレバー（梃子）を見つけ出し、そこにIT投資を集中せよと述べつつ、同時に社内でのIT関連企画の推進のために第三者的なチェック機関（プロジェクト・マネジメント・オフィス）を設けるべしとも提案する。たしかに多くの点で「IT化」を図るよりも、いちばん儲かるポイントでの生産性向上のためにITを集中投資するという考えは、一見したところうなずけそうな気がしないではない。またIT関連プロジェクトの遂行自体は、忙しいIT部門ではなく他者の客観的な目が必要だというのも、合理的な響きがしないわけではない。

だが、ちょっと待っていただきたい。これまで述べてきたとおり、客観的な事実の積み上げから見て、いわゆる「IT革命」、とりわけインターネットの導入が、外部から見た時に日本というマーケットが持っていた「情報の非対称性」を解消させ、最終的に「利益確定」の対象へと日本を密かに追い込んでいくための手段だったことは疑いようがない。

そうした「もう一つの視点」からすると、ここでいう二つの提案は、実はことごとく、この提案をのんだ企業を丸裸にし、第三者機関という「外部機関」によってコントロール・監視・誘導するための仕組みを作るものに他ならないのである。したがって、ここでもふたたび、「何のためのＩＴか？」という疑問が沸々と湧き出てきてしまうのだ。

このような「いちばん重要な部分をあえてさらけ出し、そこに第三者機関を接続する」というやり方――実はこれが国家的規模で行なわれたのが、次章で述べる「道路公団改革」であった――がもつ本当の意味を見出す能力を、私は「情報リテラシー」と呼びたい。これは、仮に「流れ」自体を個人で変えることはできなくても、「見えている」ことによって最低限、自分のことは自分で守ることができるように日本人がなるための前提条件である。

「情報リテラシー」を持つためには精神的に高度なセンスと素養を絶えず磨き続けることが必要となってくる。したがって、たとえば「ＩＴ基本戦略」のテキストにあるような、「コンピューターが使える」という意味での「情報リテラシー」とこれはまったく異なる。

「情報リテラシー」があれば、仮にヒューマン・インテリジェンスの拡充のためにインターネットが「ラストワンマイル（最後の一マイル）」に至るまで張りめぐらされ、実際に使われているのだとしても、そうしたインターネットをめぐる実態を前提としつつ、メタな次元でコミュニケーションをとることは可能だ。

戦前の検閲を受けた「伏字」の本を思い出してほしい。現代では文字を伏せるのではないが、「第三者の誰かにこのメールは読まれている」ということを前提にメッセージを発し、これをそのようなものとして解釈するという形のコミュニケーションが必要となってくる。それは恐ろしく不便なことであり、絶えず緊張感を要求されるものである。しかし、私たち日本人が自らを守るための最後の手段の一つとでもいえるほど、きわめて重要なものでもある。

最近、日記風に「WEBLOG（ブログ）」を記し、個人情報を「誰も読んでいないだろう」と次々に画面上に載せたり、あるいは「この指とまれ」と知り合いだけをWEB上のネットワークに呼び込み、コミュニケーションできる「建前」をもった「ソーシャル・ネットワーキング（SNS）」が大流行となっている。これらのサービスを実際に運営する個別の業者に必ずしも「意図」はないと信じたいが、膨大な個人情報がネット上を行き交い、「情報の非対称性」の最たるものだった「人脈」がネット上にものの見事に公開されてしまうツールが現に存在する時代だからこそ、「情報リテラシー」が至急、必要となっているのである。

今、インターネットのコードや携帯電話の見えない電波の向こう側から、私たち日本人の一人ひとりが把握されていることを忘れてはならない。

第五章

悪魔の契約

†小泉総理とパガニーニ

たった一小節のティンパニの連打。それに続けて、圧倒的に物悲しい主題がヴァイオリンの全奏（トゥッティ）で流れる。やや劇的なその展開に、聴く者の胸には少しばかりの緊張感が走るが、やがて折り重なるように流れる長調と単調が織り成す波の中に静まっていく。そして、ソリストの登場。

自らも稀代のヴァイオリン奏者であったニコロ・パガニーニ（一八七二〜四〇年）は、その生命が終わる寸前まで珠玉のヴァイオリンの名曲を創り続けた。その彼が最も情熱を注いだのがオーケストラとソロ・ヴァイオリニストによる「ヴァイオリン協奏曲」である。彼自身は第四番までオーケストラ用の楽譜を完成させることができたが、最後の第五番だけはソロ・ヴァイオリンのパートだけが完全な形で遺され、あとはオーケストラ全体の合いの手を暗示する印だけが遺されていたのだという。

未完の大作。しかも、ソロ・ヴァイオリン・パートだけは完全な楽譜ができ上がっており、後世、それを復元し、オーケストラ用の作品としたという経歴。そして何よりも、あの物悲しい第一楽章の第一主題。

このコンチェルト（協奏曲）を何よりも好む男が一人いる。日本人の誰しもが知っており、ソロ・ヴァイオリニストのように孤高で、決して群れることなく生きてきた男だ。——第九十代日本国内閣総理大臣、小泉純一郎その人である。

一般に小泉総理はクラシック音楽好きであり、しかも派手なオペラを好むと言われている。私が外務省に在勤していた時も、そんな総理の「嗜好」を前提にいろいろと文化行事を考えさせられたものだし、今でもそれは続いていることと思う。

しかし、私が外務省を退職した後、人生の大先輩にあたる方で総理とも近しい人物がこっそりこう教えてくれた。「小泉総理は、ふつうはオペラが好きだって言われてるだろ？　でも、あれはポーズだよ、多分。本当は、ヴァイオリン好きな愛好家でも本当の「通」しか聞かない、パガニーニのヴァイオリン協奏曲第五番が大好きなんだ。総理官邸でも、人知れず、それこそ盤が擦り切れるくらい聞いていているらしいよ」。

これを聞いて、作曲家を夢見ていたこともある私には、素人ながらにもピンと来るものがあった。ドイツではしばしば、「オーケストラが好きな人は演劇も好きだが、オペラは嫌いだ。しかし、逆にオペラが好きな人は音だけのオーケストラや、言葉だけの演劇は嫌いだ」と聞いた。つまり、「音と言葉」のミックスが好きな人はオペラ、そうでない人はオーケストラと演劇というわけだ。

ここに、実は小泉流の「劇場政治」の真骨頂がある。――言葉巧みに国会という「劇場」で演劇そのものの政治を演じた後は、官邸に引きこもり、孤高の極致であるパガニーニを聞きながら独り思いに耽る。そんな時、小泉総理にとって、タレントたちと共にゴールデン・タイムのテレビ画面の中で騒々しく三文オペラを繰り返す「同僚議員」たちは、もはや自分とは関係のない存在だ。

一方では圧倒的な「静寂と孤高」、そして他方では、それとは打って変わって「演劇」としての政治の舞台で、言葉少なだが相手を確実に撃破する「ワンフレーズ・ポリティクス」の連続という二つが織り成す綾。これが内閣総理大臣・小泉純一郎の「本質」であることを、パガニーニは気づかせてくれた。

しかし、こうした「静寂」と「演劇」との狭間に、本来あるべき何かが人知れず落ちてしまっているということはないのか？「演劇」だと思って見に来た人々（＝国民）はあくまでも「観客」であり、「静寂を好む私」ないし「劇場政治における主演俳優」のどちらかでしかない小泉総理にとって、彼らは「客体」にすぎない。小泉総理はそれを自己と相容れるもの、相通ずるものとは思っていない。――そんな危険性は本当にないのだろうか？

†ファウストとしての小泉総理

小泉総理大臣が「主演俳優」を演じるにあたっての「音程（トーン）」をトーン・セッティングしたのが、総理就任まもなくの二〇〇一年五月七日に衆議院本会議で行なった「総理大臣所信表明演説」である。

「私に課せられた最重要課題は、経済を立て直し、自信と誇りに満ちた日本社会を築くことです。同時に、地球社会の一員として、日本が建設的な責任を果たしていくことです。私は、「構造改革なくして日本の再生と発展はない」という信念の下で、経済、財政、行政、社会、政治の分野における構造改革を進めることにより、「新世紀維新」とも言うべき改革を断行したいと思います。痛みを恐れず、既得権益の壁にひるまず、過去の経験にとらわれず、「恐れず、ひるまず、とらわれず」の姿勢を貫き、二十一世紀にふさわしい経済・社会システムを確立していきたいと考えております。」

（総理大臣所信表明演説〈二〇〇一年五月七日〉）

演説の冒頭でこのように述べた小泉総理大臣は、末尾においていわゆる「聖域なき構造改革」の推進を国民に誓い、拍手大喝采を得ることとなる。「小泉改革」の始まりである。

総理大臣の所信表明演説のテキスト（文面）を事務方として起案するのは、内閣府内閣官房にある「内閣参事官室」である。各省庁の「親分」にあたる担当大臣の国会答弁や演説（外務大臣であれば「外交演説」）はそれぞれの省庁が担当するが、総理大臣あるいは官房長官や官房副長官の国会における発言要領の作成は、各省庁の中堅クラス以上が集められたこの内閣参事官室が担当する。

所信表明演説の内容は、時としてマーケットあるいは世界情勢や政局に重大な影響を与えるため、内閣参事官室の中でも厳重に管理され、複写厳禁用紙に番号がふられた上で、あくまでも「事実関係のチェック」のためだけに関係する省庁へ回付される。

平成十三年五月当時、私は外務省の大臣官房総務課にて課長補佐として勤務していた。中央省庁で大臣官房総務課といえば、国会担当として、総理官邸あるいは各政党からの「ナマの声」が伝わってくるところである。

その中で、とりわけ小泉総理による最初の「所信表明演説」案文に対する総理官邸の「思い入れ」は、これを管理する内閣参事官室から「よほどのことがない限り原文に手を入れないように」との指示が来るくらい熱いものであったことを、今でもはっきりと覚えている。関係省庁の了承を取れた、あるいは協議をしても決着がつかずに時間切れとなった案文は、速やかに内閣参事官室から総理官邸へと上程される。小泉総理は、総理秘書官たちに囲まれながらじっくりとこの初めての所信表明演説案文を読み、ただちに「裁可」したと聞く。

しかし、だからといって小泉総理が総理大臣就任前に、やがて初の所信表明演説でキーワードとなる「構造改革」というマジック・ワードについて、明確なコンセプトを持っていたのだろうか。この点についてては何分、現政権の首班の「胸先三寸」の問題であって、たとえこれまで表向きは「郵政改革」だけを持論としてきたからといって、小泉総理が内心では「構造改革」全体を信奉してこなかったことの「検証」にはならないことも確かである。したがって、この問題についてここでこれ以上深入りしても、おそらく徒労に終わるのかもしれない。

他方で、もう一つの疑問は残る。本書でこれまで述べてきたとおり、「構造改革」というマジック・ワードは、一九七〇年代に中南米諸国の「民主化」を契機として、民営化、上場を経てニューヨークへの富の移転という、一つの「ビジネス・モデル」を確立してきた米国の「専売特許」であることも私たちは知っている。

その「構造改革」を橋本、小渕、森といった前任者たち以上に前面に据え、その実現に向けて邁進する小泉総理は、米国とどのような関係を持っているのか。率直にいえば、小泉総理大臣は米国から見て、「なるべくしてなった総理」であり、その意味で米国による「利益確定」の対象となるように日本を追い込んでいくための「協力者」として選ばれた人物だったのだろうか。

この点について日本の言論界では、最近流行の言葉を使えば「親米ポチ論」とでもいうような、きわめて単純化された主張が叫ばれることが多い。「そもそも党内での影響力が小さかった小泉総理は、米国、とくにブッシュ大統領との「個人的信頼関係」に依存した政権運営をせざるをえない。したがって、米国からの指示は何でも受け入れ、これを実行することが初めから暗黙の了解になっている」といった感じの論調であろうか。

だが、このような論調に触れるたびに、キャリアの外務官僚という立場から日本の外交政策に関与していた者として、大きな違和感を覚える。しかも、この「違和感」には根拠がある。外交の世界における出来事ではあるが、米国が小泉総理に「手を焼いている」証左を私は何度も目の当たりにしてきた。

まず第一に米国のイラクに対する武力攻撃、そしてその後の「イラク再建」に対する日本としての支援に関する決定についてだ。「結果」だけを見ると、日本は自衛隊を派遣し、その後も邦人誘拐・殺害、あるいは宿営地近辺への砲撃といった危機的状況が続いているにもかかわらず、派遣を継続してきているため、あたかも小泉総理が好んで派遣を決定したかのような論調がいまだに散見される。

しかし、派遣決定の前夜、内閣総理大臣として外交の最前線に立つ小泉総理は文字どおり逡巡し、悩みぬいていた。そのことは、私が北朝鮮という日本外交にとってのもう一つのフロント（最前線）で当時、防人を務めていたからこそよく分かる。「卒業」（自主退職）したとはいえ、国家公務員法による守秘義務の網を免れない立場として、この点についてより直接的な「証言」ができないのは残念である。

しかし、とにかく「北朝鮮」をめぐる状況が深刻で、日本外交としてそれに打ち込まなければならない状況になればなるほど、日米同盟だけによって守られている日本の宰相として、「イラク」における対米協力に邁進しなければならない状況もあったのだ。それが総理にとって苦悩の種であったことは紛れもない真実だろう。

そしてもう一つは、外部のインテリジェンスの目から見た時、小泉総理という存在が持つ厄介さである。非外交ルートで知りうる限りでは、あの米国でさえも、ふだんは孤高を守る小泉総理に対する影響力行使、そしてその「真意」の調査・分析にてこずっていたことを私は知っている。

小泉総理に直に接しうるわずかばかりの人物を洗い出し、あるいは創り出し、さらにそういった人物に接触するとともに、影響力を行使する人物を網の目のように配置するといった用意周到なシステムを構築しつつも、米国は自らが実施しているそうした「情報収集・工作活動」の効果についてひどく不安だったようだ（三回も同一人物〈米情報機関関係者〉から同じ質問をされれば、このことに気づかざるをえない）。

そもそも、総理になる前の小泉純一郎の発言をつぶさにふり返ってみると、そこには米国との関係で微妙な「距離感」を感じる。たとえば、母校・慶應義塾大学での講演（一九九九年）において、小泉総理は現代が「大転換期」であると学生に対して鼓舞する中で、「戦前は「鬼畜米英」、戦後は「親米一辺倒」、価値観も大転換した」と、やや自虐的に日本の戦後史を振り返っている（小林良彰編『日本政治の過去・現在・未来』慶應義塾大学出版会）。

私はこうしたことからいって、小泉総理自身は決して「親米ポチ」などではなく、米国にとってすら偶発的に権力の座に着いた人物であり、かつ扱いにくい宰相だと考えている。本書のこれまでの文脈からいえば、「書割」すら突如として変更する「演出家」である米国に、本来なら素直に従うべき「主演俳優」の役回りを、今度は突然、まったく言うことは聞かないが人気だけで登場してきた脇役俳優に持っていかれたようなものなのだろう。

非外交ルートでは、「小泉総理は何をするか分からない」という米国の「奥の院」の嘆きが頻繁に聞こえてきた。こうした事情は、逆に小泉総理をマークし、その周辺にエージェントを網の目のように配置する方向へと米国をいざなったに違いない。

ただし、問題はそこから先なのだ。――こうした米国の「奥の院」の嘆きの声は、舞台上の「主演俳優」である小泉総理にもやがて耳に入るはずである。そこで総理は何と考えたのか？

「これは米国を使うよいチャンスだ」。

時にいやいやながらも、「演出家」である米国のこれまでの指示を完全におさらいし、またその考えを先読みするかのように行動することで「演出家」を驚かせ、また時には「褒め殺し」の感覚を味わわせることにより、逆に自らは「自由」を獲得し、国内における統治期間の延長を意のままにすることに成功する。小泉総理は元来、米国にとってとっかかりのない「厄介な存在」なのだ。その総理が自ら恭順の意を表すのであれば、米国としては薄気味の悪さすら感じているはずなのである。

こうして表面的には、小泉総理になって「日米蜜月時代」がふたたび訪れることになる。それは、あくまでも「人倫」に対する「義務」を全うし、自らの行為を倫理・道徳でがんじがらめにすることが、かえって完全なる自由への近道であると説いたイマヌエル・カントの「自由論」にも似た、小泉総理による「自律的」な選択である。その限りにおいて、小泉総理は歴代総理の誰にもまして米国との距離は遠い。

もっとも小泉総理が米国と結んだ「自由のための契約」は、総理自身にとっては「自由」のためであっても、実のところその他の日本国民にとっては「悪魔の契約」に他ならない。なぜならば、すべてを「分かっておきながらあえて米国という「演出家」の言うとおりに巧みに演技する」小泉総理の振る舞いは、結果として「構造改革」というこれまでと同じストーリーのシナリオに沿った形で、しかも今まで以上に加速しながらクライマックスに向かって突っ走ることに等しいからだ。

そしてその結果、日本が米国によって「利益確定」されるだけの存在になるこの時、米国＝メフィストフェレスと、自己のために「自由の契約」を結んだファウスト＝小泉総理に、日本人として誰が拍手喝采することができるだろうか。

孤高のソロ・ヴァイオリニストが奏でるパガニーニのコンチェルト第五番を深夜に聞きながら、毎晩官邸の自室にて、時に心底悩みつつも、結果としてはいつも独り悦に入っている小泉総理の姿が目に浮かぶ。だが、そんなファウストのささやかな喜びの陰で、日本が「利益確定」される日は刻一刻と近づいてきているのだ。

†「劇場政治」の本質

メフィストフェレスであり演出家でもある米国と、ファウスト＝小泉総理が「自由の契約」＝「悪魔の契約」を暗黙のうちに結んだのだということを理解した上だと、小泉政権が成立した二〇〇一年頃、盛んに叫ばれた日本政治の「劇場政治」化という現象が、日米関係の歴史の中で持つ本当の意味合いも分かってくる。舞台上のアクター（役者）、とりわけ最終的に生き残った小泉純一郎という「主演俳優」のワンフレーズ・ポリティクスにだけ気をとられているようでは、そこに秘められたメフィストフェレスの真意はまったく理解できないだろう。

自分以外にもう一人「主役級」が舞台上にいることを忌み嫌う主演俳優＝小泉総理と、「書割の変更」に素直に従おうとしない「主役級」の存在が鬱陶しくて仕方がない演出家＝米国。この二人の利害がぴたりと一致し、「悪魔の契約」が結ばれる時、「主役級」はものの見事に舞台から引きずり下ろされた。

その「主役級」とは、田中眞紀子元外務大臣その人にほかならない。アナクロニズム（時代錯誤）とメディアにいかに揶揄されようと、生まれながらに「親心の政治」（京極純一『日本の政治』東京大学出版会）を体現する田中元外相は、日本の戦後政治の「心象風景」そのものを凝縮したような人格だ。「母親と幼児の庇護と依存の関係」を人間交際の基準点とする戦後日本においては、「無限抱擁、無限庇護、無限供与」の「実在の真実相」としての「母」は、元来、最終最高の正当性を持ち、主権的な地位を占め、さまざまな局面を処理するという土着の「イメージ」がある。

いかなる権威であっても恐れず、エリート集団の典型で「お上」として崇め奉られていた外務省まで、その権威を引きずり下ろした田中元外相の「本能」あるいは「生得的な才能」は、「主演俳優」である小泉総理が舞台に登場してくるにあたっては、どうしても必要な「導入役」だったといってもよいだろう。あの頃、「変人宰相」への支援を街頭で濁声《だみごえ》で訴える田中元外相の姿は今でも記憶に新しい。

しかし、そうした「親心の政治」であり、戦後日本に土着のイメージとして残る「母」をも体現する田中眞紀子元外相ほど、米国が「アジア通貨・経済危機」でASEAN各国あるいは韓国で木端微塵に粉砕したはずのアジア特有の「非合理性」ゆえの「情報の非対称性」を体現している人物はいない。また、彼女が体現している「情報の非対称性」は、そもそもその父・田中角栄が築き上げた冷戦下でだけ許された「構造」に起因するものであり、これを「改革」することで日本を「利益確定」の対象としようとしていたのが米国なのである。

やがて、「主演俳優」自体が舞台の中央で独唱を続けようとする脇で、いつまでも舞台から降りようとしない「主役級」＝田中元外相をめぐって、米国と小泉総理から発される光線の二つの焦点が合致し発火したことは、この本で述べてきたこれまでの日米関係の文脈からいっても不思議ではない。そうした憶測を抜きにして、客観的な事実だけを見るとしても、とにもかくにも田中元外相は更迭《こうてつ》され（二〇〇二年一月三十日）、やがて事もあろうに自民党から民主党・無所属クラブへと鞍替えすることになる。

この顚末《てんまつ》について、米国の「奥の院」はバウチャー国務省報道官の口を借りて次のように「勝どき」を上げた（ちなみに、日本の外務大臣の退職についてあえて米国がコメントすることは稀な出来事である）。ここからも、「演出家」＝米国としてのこの件に関する並々ならぬ意欲がはっきりとうかがえるというものだ。

「米国務省のバウチャー報道官は三十日の記者会見で、田中眞紀子外相が更迭されたことについて「田中外相は緊密な日米関係をさらに深めることに貢献した」と述べ、今後も緊密な日米関係を持続していく方針をあらためて表明した。

同報道官は外相の後任人事や日本の政局について「事態の推移を見守っている。日本の政治の憶測はしない」とした上で「彼女の後任と長期に及ぶ日米友好関係の精神に基づき、国際問題や二国間問題に関して取り組むことを期待する」と語った。」

（共同通信二〇〇二年一月三十日付）

私はかつて、日本政治のあまりの惨状を見かねて、一冊の本を世に問うたことがある（『劇場政治を超えて　ドイツと日本』ちくま新書）。だが、当時、荒れ狂うメディア主導の劇場政治の荒波を前にしつつ、外務省の一員として自らも「抵抗勢力」の一部だと糾弾される中で、こうした「現象面」での止まらぬうねりの本質をどうしても見つけることができず、読者に対し理性と冷静、そして共同体意識への回帰を訴えるのが関の山であった。しかし、今、ここに連綿と記してきたような日米関係の「真実」を踏まえた時、あの時の「観客」であった私たち日本人が何を「見させられていた」のかが明らかになったということを、自省を込めてここに記しておきたい。

†「官から民へ」の哲学

「悪魔の契約」を結んだファウスト＝小泉総理だけが舞台に残る中で、紆余曲折を経ながらも進められてきたのが「聖域なき構造改革」である。またの名を「小泉改革」ともいう。ひところ、「改革疲れ」という声すら聞こえるほど、とにかく「改革」といえば何でも大丈夫という雰囲気まであったが、最近はようやくこういった「改革」フィーバーも色あせ、さすがの日本の世論も冷静さを取り戻してきたように見える。

多種多様、変幻自在に用いられてきた「小泉改革」のエッセンスをあらためてまとめてみると、次のとおりとなる。なお、以下に掲げる「改革」の対象項目は、政府自身が行なっているものを、この本の文脈に従い整理しなおしたものである（「目で見る小泉改革の四年間——改革の芽を大きな木に——」首相官邸ホームページ参照）。

（1）いわゆる「構造改革」に該当するもの

「金融システム改革」「規制改革」「税制改革」「歳出改革」「特殊法人改革・独立行政法人の設置、再編」「郵政改革」「社会保障制度改革」「IT」「知的財産権の保護・促進」

（2）改革の成果を全国に広めるための「改革」

「三位一体の改革」「構造改革特区」「都市再生」「観光立国」「起業支援」「産業再生」「雇用創

出プログラム」

ここでは政府の整理に従ってあえて「小泉改革」を二分してみたが、これだけ見ても、いかに雑多な「改革のための措置」が同時並行で進められてきたかが分かるだろう。政府としてはそうした批判をあらかじめ想定してか、「改革の基本理念」と称して、「改革なくして成長なし」「民間にできることは民間に（いわゆる「官から民へ」）」、そして「地方にできることは地方に」という三つの標語を掲げている。しかし、いかに哲学めいた文言を掲げてもそれだけでは、なぜこうした雑多な措置が「改革」の名の下に、今行なわれなければならないかということについて答えたことにはならない。

しかし、何はともあれ「改革」だ。「勝てば官軍」ではないが、そこでとられた措置によって少しでもよいことが日本にとって起こっているのであれば、米国がどうであろうと細部がどうであろうと、何も問題にする必要はないだろうという議論が当然出てくる。

「改革」という用語は、「構造改革」について触れた際に述べたとおり、あらゆる意味をも含みこみ、それでいながら自らはつねにポジティブなニュアンスを保ち続けるというマジック・ワードだ。そして実際、こうした改革の成果として、「景気は緩やかな回復局面にあり、名目GDPで一・三パーセントの伸びになる」、あるいは「国・地方をあわせた基礎的財政収支が、名目GDP比でマイナス五・五パーセントから四・〇パーセント程度まで減少する見込みだ」

―改革の芽を大きな木に―

経済指標で見る改革の成果

● 緩やかな回復局面

16 年度実績　（実質 1.9%、名目 0.8%）
17 年度見通し（実質 1.6%、名目 1.3%）

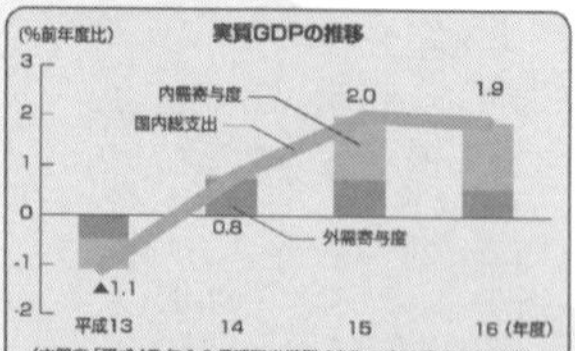

（内閣府「平成 17 年 1-3 月期四半期別 GDP 二次速報（17 年 6 月）」より作成）

● 完全失業率はピークの 5.5% から 4.2%に低下
有効求人倍率 0.96 倍は約 12 年ぶりの高水準

（17 年 6 月）

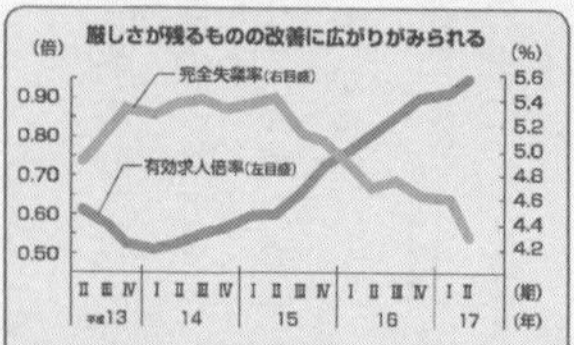

（総務省「労働力調査」、厚生労働省「毎月勤労統計調査（事業所規模 5 人以上）」より作成）

● 倒産件数は低水準で推移（6月は1,207件）

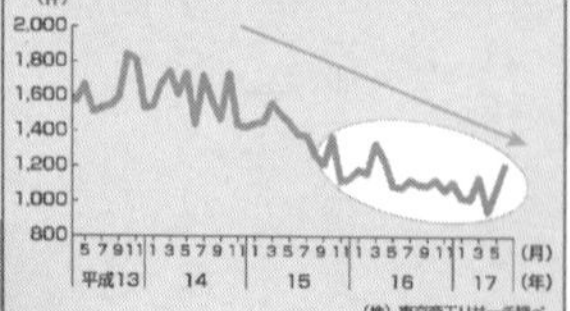

（株）東京商工リサーチ調べ

改革の芽を大きな木に育てます

● 改革の芽を地域や中小企業にも広く浸透させ大きな木に育てます

■ 三位一体の改革

- **地方分権の理念に沿って地方が自主的に支出を決定できる財源を拡大するとともに、国・地方の簡素で効率的な行財政システムを構築するため、三位一体の改革を推進**
- 18年度までの「全体像」で、17・18年度における3兆円程度の補助金の廃止・縮減等、概ね3兆円規模の地方への税源移譲及び交付税改革について決定
  （17年度は1兆7,681億円の補助金改革と1兆1,160億円の税源移譲等を行うとともに、地方財政計画の合理化・歳出見直し等を実施しつつ、安定的な財政運営に必要な交付税額を確保）

■ 構造改革特区　548件の特区を実現

■ 地域再生

453件の地域再生計画を認定

- 地域再生法の制定・施行（17年４月）
  各省横断的な交付金、課税の特例、補助対象施設の転用手続きの簡素化などにより支援

■ 都市再生

稚内から石垣まで全国都市再生

- 63地域を緊急整備地域に指定
- 19件の都市再生プロジェクトを決定

■ 観光立国

訪日外国人旅行者が600万人超

- 訪日外国人旅行者477万人(13年)→614万人(16年)
  22年までに1,000万人（倍増）に
- ビジット・ジャパン・キャンペーンなどの実施

■ 産業再生

産業再生機構の実績…41件の支援決定

- 中小企業再生支援協議会…約6,000社の相談取扱い、約780社の再生計画策定を支援、約360社の再生計画策定が完了
  約26,000名の雇用確保

■ 起業

特例により約2年間で約26,000社起業

- 最低資本金規制特例（特例前の通常の会社設立数は年間約9万社。毎年1割以上の押し上げ効果）
  約1,900社が増資して「卒業」
- 新しい会社法の成立（17年6月）

■ 530万人雇用創出プログラム

関係分野で約320万人（12～17年6月）の雇用を創出

● これまでの成果を踏まえ、平成 17 年度および平成 18 年度の 2 年間を「**重点強化期間**」と位置づけ、新たな成長に向けた基盤の重点強化を図ります。

出典：首相官邸ホームページ

目で見る小泉改革の4年間

〈改革の基本理念〉
- 改革なくして成長なし
- 民間にできることは民間に
- 地方にできることは地方に

改革の芽が育っています

- 金融システム改革、規制改革、税制改革、歳出改革といった構造改革を進めてきた結果、改革の芽が育っています

■ 金融再生
主要行の不良債権問題が正常化
8.4%(14年3月期)→2.9%(17年3月期)

■ 規制改革
1,000項目以上の規制改革(16年3月までの3年間)
- 1990年代以降の規制改革による利用者メリットの合計は年間約14兆3千億円(一人当たり約11万円)(14年度)
- 官業の民間開放のため、市場化テストのモデル事業(ハローワーク関連、社会保険庁関連、行刑施設関連)実施

■ グローバル化
対日直接投資残高1.5倍に
6.6兆円(13年末)→10.1兆円(16年末)

■ 基礎的財政収支
改善の見込み
▲5.5%(14年度)→▲4.0%程度(17年度見込み)
(名目GDP比)

国・地方をあわせた基礎的財政収支

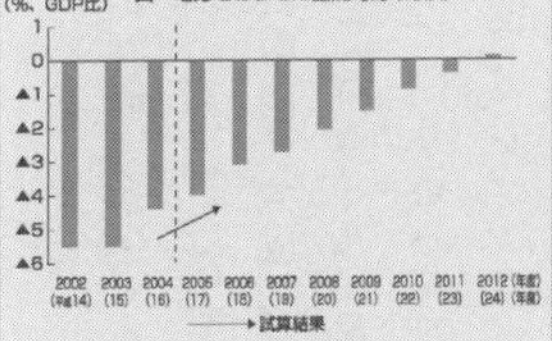

備考：1. 17年1月　経済財政諮問会議内閣府提出資料を基に作成
2. 基礎的財政収支とは「借入を除く税収等の歳入」から「過去の借入に対する元利払いを除いた歳出」を差し引いた財政収支
3. 基礎的財政収支(国・地方)は国民経済計算(SNA)ベースの推計値
4. 試算は誤差を伴っており、相当の幅をもってみるべき

■ IT化
世界最安値水準のブロードバンド料金
- 高速・超高速インターネット
  料金水準　約1/3に(約7,800円→約2,600円)
  加入数　約20倍に(約85万件→約1,950万件)
  (13年3月→17年3月)
- 地上デジタル放送開始(15年12月)
  2,000万世帯以上で視聴可能

■ 知的財産
特許等使用料の国際収支が黒字化
▲800億円(13年)→2,231億円(16年)
- 知的財産高等裁判所の発足(17年4月)

■ 郵政改革
- 日本郵政公社がスタート(15年4月)

■ 特殊法人等改革・独立行政法人の見直し
- **改革対象の特殊法人等163法人のうち136法人について、廃止(16)、民営化等(36)、独立行政法人化(39)等の措置**
- 特殊法人等向け財政支出について、改革開始後4年間で実質的に約1.5兆円削減
- 道路関係四公団を17年10月に民営化
- 独立行政法人について、廃止・統合により再編(32法人→22法人)、役職員(25法人約8,300人)の非公務員化を決定(16年12月)

■ 社会保障制度改革
社会保障制度の一体的改革を検討
(「社会保障の在り方に関する懇談会」等)

■ 税制改革
- **持続的な経済社会の活性化のための税制改革が大きく進展**
- 15年度約1.8兆円、16年度約1.5兆円の先行減税を継続し、経済社会の活性化に着実に寄与

■ 安全・安心の確保
- 東海地震等の「地震防災戦略」を策定(17年3月)
- 「犯罪に強い社会の実現のための行動計画」を策定(15年12月)

まう。

といった説明を聞くと、「改革は効果があった」「小泉改革は成功だ」という評価が下されてし

たしかに、表面的に見る限りにおいては、こうした「評価」が偽りだということはないだろう。だがあらためていうが、この本をここまで読んでいただいた読者の方々は、「小泉改革」の中でもとりわけ「構造改革」が、実は一九七〇年代に中南米で成功した米国の国家戦略上の「ビジネス・モデル」を援用したものであることを知っている。九〇年代以降、米国は日本に「構造改革」というマジック・ワードをいっそう念入りに刷り込み、日本が自らネジを巻いて必要な解体作業に入っていくよう、ヒューマン・インテリジェンス、そして「IT革命」と次々に日本国民の末端に至るまでの措置を講じてきたのだ。

そうである以上、数字だけをとらえ、「効果」を上げているように見えるからといって手放しで喜ぶことはできない。むしろ、「悪魔の契約」を結んだ小泉総理が進める「改革」が、表面的な美辞麗句にとどまらず、結果として日本にいかなる形で「新たな構造」を取り込んだのかについて、分け入って考えなければならない。そうしなければ「真実」は見えてこない。

一見「客観的」なデータの陰にある「本当の構造、真実」をつかむための作業に際し、最も重要な手がかりとなるのが、「構造改革」というスローガンの内容が「規制緩和」から「国営

企業・事業体の解体＝民営化」の議論へと、いつの間にかすり替わったという事実に他ならない。もちろん、依然として「規制緩和」のための努力は継続されているが、それにもまして世上を騒がせ、小泉総理自身の関心が最も強く、かつ「小泉改革」の見せ場として日々、メディアを騒がせているのが「特殊法人改革」「郵政改革」「独立行政法人の設立・再編」を中心とした「国営企業・事業体の解体」だということは、誰も否定できないだろう。

では、なぜ今、「特殊法人改革」であり、「郵政改革」であり、そしてまた「独立行政法人の設立・再編」なのだろうか。くり返しになるが「米国が中南米、そしてASEAN諸国において適用し成功したビジネス・モデルを、今度は日本に援用しているだけだ」という正解は、あえてひとまず脇に置いておこう。すると、改革することの「理由」を端的に述べたものとして、次のようなものが流布されていることを思い出す。

「特殊法人で問題になるのは、各特殊法人等の中で本当に必要なものはなにか、本当に政府が関与しなければならないのはなにか、という点にある。不必要なら廃止すべきだし、政府関与の必要がないのであれば民営化すべきであろう。小泉首相が掲げた「廃止か民営化」という大原則は、大半の特殊法人に対して、政府の子会社として維持する必要はないと考えていることを意味している。それればかりか、特殊法人が利権を握っているがために、日本経済の活力が奪われてきた面もある。」

（松原聡『なぜ日本だけが変われないのか　ポスト構造改革の政治経済学』ダイヤモンド社）

これは道路公団、政策金融機関などの「特殊法人」について述べたものではあるが、「特殊法人が日本経済を圧迫している」「だからこそ特殊法人は廃止か民営化だ」という主張は、より一般化すれば「国のオーバープレゼンス（過剰な存在）が日本経済の停滞を招いている」というメッセージとなり、「国営企業・事業体をすべて廃止・民営化せよ」ということになる。そうである以上、まずは「特殊法人」などの存在が、本当のところ、どれだけ日本経済を圧迫しているのかという点についての検証が必要となる。

この点について、たとえば「道路公団改革」において活躍した川本裕子氏は、問題の本質はいわゆる「財政投融資」にあるとし、そのいわば「出口」の部分に資金の受け手として特殊法人がいる以上、持続可能な日本経済の再建のためには特殊法人改革は免れないと断言する（川本裕子『日本を変える　自立した民をめざして』中央公論新社）。そしてなぜ、財政投融資が悪いのかといえば、次の三つの理由があるとする（「週刊東洋経済」二〇〇四年三月六日号）。

（1）財政投融資制度は、無制御な財政負担の増加と金融システムの自立性の両面で、日本経済の持続可能性を脅かしている。

（2）財政改革に対する政府のあいまいな姿勢は、財投機関の不良債権に対する説明や、財投機関債の歪んだ金利形成に表れている。

資金循環のゆがみ
（公的な資金循環が肥大化し、社会主義化ともいうべき状況）（単位：兆円）

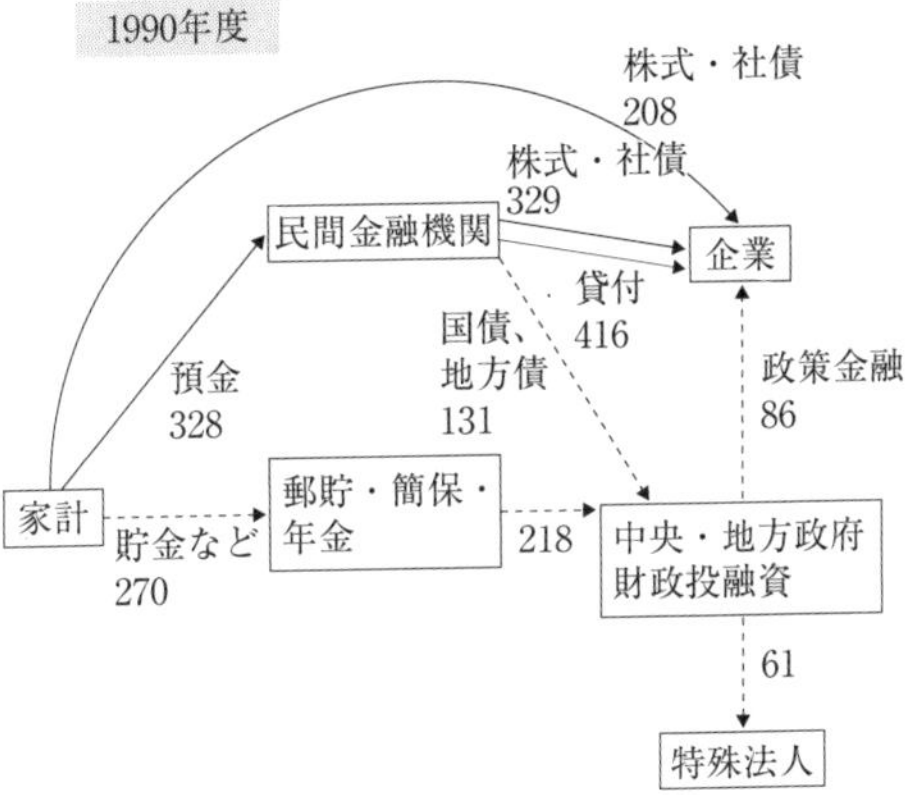

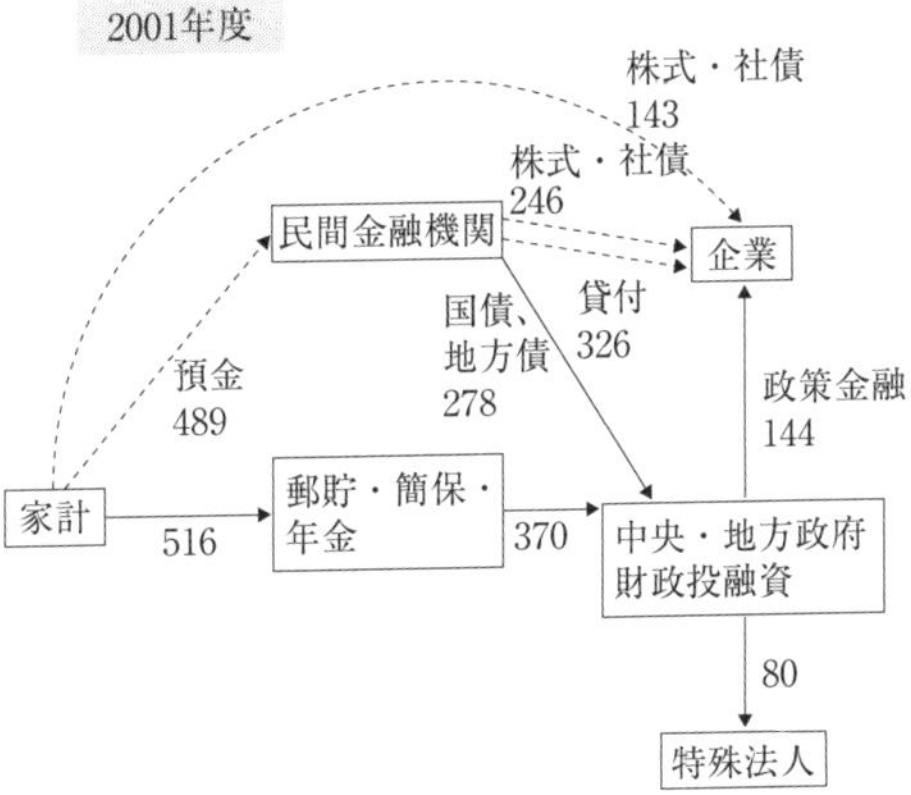

（資料 —— 経済財政諮問会議資料〈2003. 1. 30〉から抜粋）

出典：川本裕子『日本を変える』中央公論新社

（3）財投増殖の背景にある情報開示の恣意性と不透明性にメスを入れない限り、改革は看板の掛け替えに終わってしまう。

「失われた十年」の入り口（一九九〇年度）には、家計から民間金融機関に預金として流れる資金が三二八兆円であり、財政投融資の原資となる郵貯・簡保・年金に対して流れる資金はこれよりも少ない二七〇兆円にとどまっていた。ところが、十年の最後にあたる二〇〇一年度にはこの関係が逆転し、後者が前者を二七兆円も上回ってしまっている。民間企業が民間金融機関の貸し渋り（クレジット・クランチ）に悩んでいる時に、それを解消すべき国が逆に資金還流を「民から官へ」と事実上誘導してしまっているとは何事か、と激しい憤りが聞こえてきそうである。

もっとも、こうした「官の流れ」の中で、資金が最終的な出口にいる「特殊法人」によって有効活用されているというのであれば、誰も文句は言わないだろう。「高級官僚」の天下り先となっている特殊法人で、ほとんど勤務実態がない「天下り官僚」が高給をもらっていたり、あるいは職員用のレクリエーション施設・器具までが数多く購入されていたりしても、トータルで日本経済のためにプラスとなるのであれば、最終的に異論は出るまい。

『日本国の研究』（文藝春秋）において、特殊法人の典型例である「日本道路公団」の傘下に

財政投融資機関の不良債権問題 ── 不良債権の比較

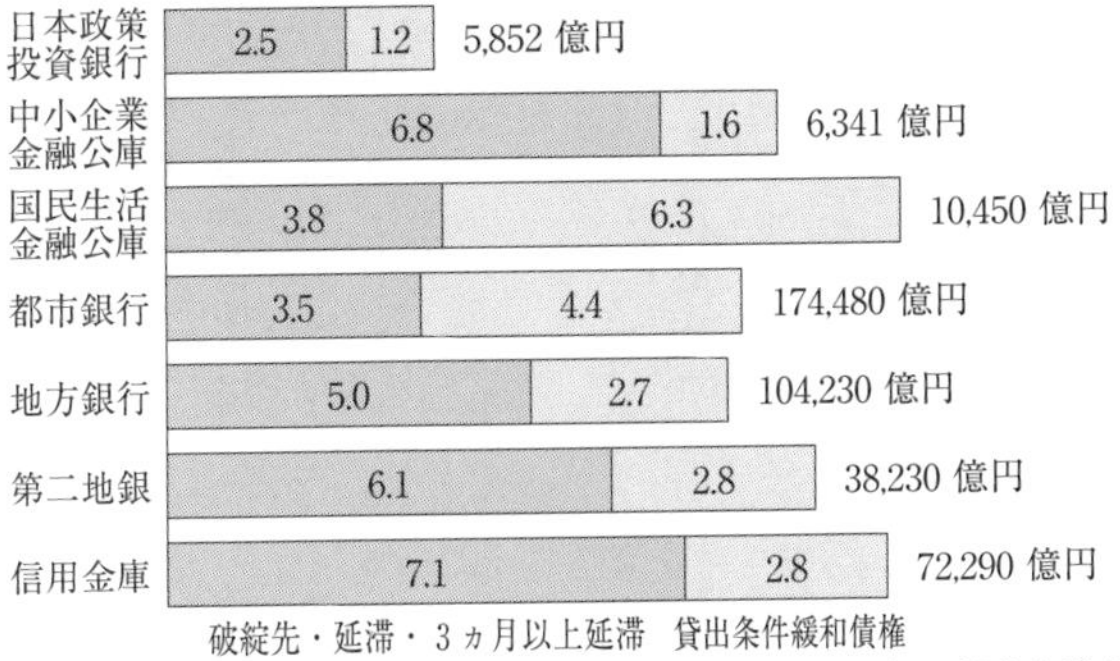

リスク管理債権÷貸出金期末残高（部分直償施行の場合、部分直償後リスク管理債権）、数字は比率（リスク管理債権ベース）と残高

（資料 ── 国民生活金融公庫、中小企業金融公庫、日本政策投資銀行、金融庁各ウェブサイト、全国銀行財務諸表分析）

出典：「週刊東洋経済」2004年3月6日号

大量の社団・財団法人（公益法人）が存在し、さらにその下に株式会社群が存在することを明らかにした猪瀬直樹氏は、特殊法人をコアとしたこうした資金の流れを支える構造を「ファミリー企業」と呼ぶ。「道路公団民営化委員会」の主要メンバーとして活躍する猪瀬直樹氏が、あの独特の口ぶりで連日のように語ったファミリー企業をめぐる「異様な実態」や「無駄遣い」については紙幅の都合上、ここではくり返さない。しかし、最終的に道路公団改革へと突き進まざるをえなかったという「結果」だけを見ても、その詳細はともあれ、道路公団を筆頭とする「特殊法人」があるからこそ、これからの日本経済再生はありうるのだという「国民的合意」があったとは、およそいえない状況であったことは明ら

かだろう。

先ほど登場した川本裕子氏はさらに、特殊法人の中でも「政策金融機関」の知られざる「不良債権問題」について指摘する。二〇〇四年の段階で日本政策投資銀行は合計五八五二億円、中小企業金融公庫は六三四一億円、国民生活金融公庫は一兆四五〇〇億円の「不良債権」を抱えていた。これは、たとえば金額こそ市中銀行より小さいものの、リスク管理債権を貸出期末残高で割った比率で見ると、かなりの比率となる。民間金融機関はようやく不良債権問題から脱却し始めたが、実はその先に「国としての不良債権」という厄介な問題が待ち構えていたというわけだ。

こうした「ファミリー企業」あるいは「国としての不良債権」の問題の二つだけをとってみても、「財政投融資」という戦後日本固有の国家金融制度をコアとしたシステム、そして「特殊法人」あるいは事実上の「国営企業・事業体」が日本の国民経済を「圧迫」するものであり、「直ちに改革されるべきもの」として位置づけられたことは容易に理解できるだろう。歴史に「イフ（もしも）」は禁物だが、「特殊法人にこれまで投入された税金がもし民間に直ちに投入されていれば」と考えた時、その経済浮揚効果を頭ごなしに否定できる者はいないはずだ。

実際、特殊法人については首相官邸に設置された特殊法人等改革推進本部の下、廃止・民営化のための措置が講じられてきており、二〇〇五年初旬までに一六三の特殊法人のうち一三五の法人について、「改革」のための措置がすでにとられてきている。

†郵政改革の論理

その存在自体が「民業圧迫」を伴い、ひいては日本経済の浮揚を損ねるものであり、また実態としては「不当な特権にあぐらをかいた職員たちが利権を貪っている」という批判が絶えないという点で、特殊法人改革と同じ文脈にあるのがいわゆる「郵政民営化」の議論である。そこでの議論の仕組みは、他の「構造改革」の場合とほとんど同じであるが、ここでは一応、その「論理構造」をおさらいしてみることにしたい。

「なぜ郵政民営化が必要なのか」という問いかけに、政府はさまざまな場で公式見解を提示しているが、これを最も分かりやすく書いたものが、竹中平蔵経済財政政策・郵政民営化担当大臣（当時）による『郵政民営化 「小さな政府」への試金石』（ＰＨＰ研究所）である。その中で竹中は「なぜ郵政民営化なのか」としばしば聞かれるが、とまず書いた上で、その答えは単純に「民間にできることは民間でやる」ということだと書いている。

その背景として竹中氏が挙げるのは、まず第一に「私たちの社会」は民間で競争をして経済活動を行ない、これが結果としてより良い経済社会をつくるという理念の上に成り立っている

画の実施状況（組織形態）

		今後措置予定	現状維持
緑資源公団 農畜産業振興事業団 農業者年金基金 中小企業総合事業団 日本貿易振興会 新エネルギー・産業技術総合開発機構 水資源開発公団 日本鉄道建設公団 運輸施設整備事業団 国際観光振興会 公害健康被害補償予防協会 奄美群島振興開発基金 年金資金運用基金 日本原子力研究所 核燃料サイクル開発機構	実態上措置　1 [民営化等] 農林漁業団体職員共済組合（共済組合として整理）	22 [民営化等　8] 関空（単独民営化を図る方針が14年末に決定） NTT 3社（政府保有株式数規制について早急に結論） JR 4社：北海道、四国、九州、貨物（できる限り早期に完全民営化） [廃止・独立行政法人化　1] 住宅金融公庫（廃止した上で証券化支援業務を行う独法を設置） [引き続き検討　13] 政策金融機関8法人：国民公庫、農林公庫、中小公庫、公営公庫、沖縄公庫、国際協力銀、政策投資銀、商工中金（17～19年度に組織形態の見直しを検討） 公営競技5法人：中央競馬、競輪、地方競馬、オート、競艇（集中改革期間内に見直しを検討）	1 日本放送協会
実態上措置　12 （経常費補助の廃止等） [民営化等] 日本行政書士会連合会 日本税理士会連合会 厚生年金基金連合会 石炭鉱業年金基金 漁船保険中央会 全国農業会議所 全国農業協同組合中央会 漁業共済組合連合会 日本弁理士会 日本商工会議所 全国中小企業団体中央会 全国商工会連合会	共済組合として整理 45 日本たばこ産業共済組合　等	1 [民営化等　1] 総合研究開発機構 （集中改革期間中に財団法人化の方向で組織の在り方を見直す）	4 日本銀行 日本赤十字社 預金保険機構 農水産業協同組合貯金保険機構
		23 [民営化等　9] [廃止・独立行政法人化　1] [引き続き検討　13]	5

出典：首相官邸ホームページ

	基本法施行前	措置済		
特殊法人	77	法律改正　53 [廃止　7] 簡易保険福祉事業団 石油公団 宇宙開発事業団 日本労働研究機構 地域振興整備公団 日本育英会 都市基盤整備公団	[民営化等　16] JR 3 社:東日本、東海、西日本 JT 日本私立学校振興・共済事業団 放送大学学園 社会保険診療報酬支払基金 帝都高速度交通営団 日本勤労者住宅協会 電源開発株式会社 新東京国際空港公団 環境事業団 道路 4 公団:道路公団、首都、阪神、本四	[独立行政法人化　30] 金属鉱業事業団 北方領土問題対策協会 国民生活センター 国際協力事業団 国際交流基金 科学技術振興事業団 理化学研究所 日本芸術文化振興会 日本学術振興会 日本体育・学校健康センター 労働福祉事業団 社会福祉・医療事業団 心身障害者福祉協会 勤労者退職金共済機構 雇用・能力開発機構
認可法人	86	法律改正　24 [廃止　8] 基盤技術研究促進センター 通信・放送機構 医薬品副作用被害救済・研究振興調査機構 野菜供給安定基金 海洋水産資源開発センター 生物系特定産業技術研究推進機構 産業基盤整備基金 海洋科学技術センター	[民営化等　7] 日本司法書士会連合会 日本土地家屋調査士会連合会 全国社会保険労務士会連合会 地方公務員災害補償基金 日本下水道事業団 自動車安全運転センター 日本公認会計士協会	[独立行政法人化　9] 平和祈念事業特別基金 日本万国博覧会記念協会 通関情報処理センター 日本障害者雇用促進協会 農林漁業信用基金 情報処理振興事業協会 自動車事故対策センター 空港周辺整備機構 海上災害防止センター
計	163	135 法律改正　77 [廃止　15] [民営化等　23] [独立行政法人化　39]	実態上措置　13	共済組合として整理　45

ということである。もっとも、こうした理念を語る竹中氏としても、「郵政は本当に民営化できるのか」という点については、まず、そもそも郵政は何をしているのかについての説明が必要だとした上で、郵便、郵貯、保険のそれぞれの事業について簡単な「検証」を試みている。

もちろんその結論は、いずれも「民営化は国民にとってより多くのメリットをもたらすものだ」というものであることは言うまでもない。竹中氏はここで、具体的なメリットとして次の四つを掲げている。

(1) 三五〇兆円という膨大な貯金・簡保資金が、「官」のおカネから、「民」のおカネになっていくこと
(2) 全国津々浦々の郵便局窓口がもっと便利になること
(3) 国家公務員を三割削減し、小さな政府を実現すること
(4) 「見えない国民負担」が最小化されること

この竹中氏の「分かりやすい」説明のポイントを読む限り、何も特筆すべき点はないかもしれない。この改革が事実上持つ「政治的効果」として、しばしばメディアが報道する「特定郵便局長」という一大勢力が圧倒的に弱められ、これによって党内、あるいは政党間での勢力分布にまで影響を与えるという推測は別として、郵政民営化が実現することによって資金は民間

のマーケットへと直接流れ、もろもろの効果によって税金による負担が少なくなるというのであるから、非の打ち所がないように見える。

しかし、私はこの竹中氏の著作、さらには小泉内閣が二〇〇四年九月十日に閣議決定した「郵政民営化の基本方針」を読み返していく中で、一つのことに気がついた。それは、ここでいう「郵政民営化」の「民営化」とは、最終的にそこで設置される「株式会社」の「上場」が目標とされているのではないかという点である。

たとえば、「基本方針」の中では、すでに公社化されている「日本郵政公社」を機能ごとに四分割し、「窓口ネットワーク会社」「郵便事業会社」「郵便貯金会社」そして「郵便保険会社」のそれぞれを「株式会社」として設置した上で、その経営上の一体性を確保するために純粋持ち株会社を設立することが記されている。そして「国は、持株会社の発行済み株式総数の三分の一を超える株式は保有する」としていることから、逆にいえば残りは民間市場に完全に売却されることが想定されているのである。

もちろん、こうした株式のマーケットへの売却は、公開市場への上場という形式をとらずとも、相対取引など他にそのための手段がないわけではない。しかし、「民間で競い合うことでよりよい経済社会が出来る」と断言する政府サイドとして、その哲学を貫くのであれば、不透明性がどうしても残る証券取引所外の取引ではなく、「上場」の上、証券取引所で正々堂々と株式を売却すべしとの結論に達せざるをえないはずだ。実際、国会審議においても政府側の答弁は、「上場」は当然の前提であるとでもいわんばかりの調子で議論を展開してきた。

「谷口委員御指摘のように、郵便貯金銀行それから郵便保険会社の株式というのは日本郵政株式会社が保有することになりますが、法案においては、日本郵政株式会社が平成二十九年三月三十一日までの移行期間中に段階的にすべての株式を処分するという義務を負うことにしているわけでございます。

したがって、日本郵政株式会社としては、郵便貯金銀行それから郵便保険会社の株式の処分を平成十九年四月一日の郵政民営化以降、可能な限り早い時期に開始するということが望ましいわけでございますが、他方で、株式市場に上場し得る経営状況になっているか、それから株式市場にマイナスの影響を及ぼさないかというようなことについても検討する必要があるほか、投資家が両社の収益力や将来性等を見きわめるための時間、それから上場するための一定の準備期間等は必要になるものと考えております。

いずれにせよ、具体的な上場の時期につきましては、日本郵政株式会社の経営者において、主務大臣の監督を受けながら、十年間での段階的な完全処分を念頭に置いた株式処分、上場に関する適切なスケジュール管理のもと、証券取引所の審査を経て決まるということになると思います。」

（衆議院「郵政民営化問題に関する特別委員会」二〇〇五年六月九日、中城政府参考人答弁）

それでは、「郵政民営化↓株式上場」という構図について、最大の推進者である小泉総理自身はあらかじめそうした考えを確固たる信念として持っていたのであろうか。――実はこの点について、小泉総理のこれまでの「思想遍歴」をたどると、一つの奇妙な事実に気づく。

たとえば平成五年当時、宮澤改造内閣で郵政大臣を務めていた小泉純一郎氏は、雑誌「Voice」のインタビューに次のとおり答えている。

「私が郵貯を民営化させたいと考えている、と怒っている人がいるけど、民営化なんてやろうとしてもすぐにできるものではない。民営化する場合にはどういう問題点があるのか、また、これから起るのか。できないのだったら、どういうことがよいのか、検討ぐらいはいいだろうといっているだけであって、私の在任中に郵貯の民営化などどんなことをしたってできるわけでもないし、状況でもない。

しかし、そういう意識で検討することはいいことだ。民間だって刺激を与えなければいけない。」

（「Voice」一九九三年六月号）

ここで目につくのは、お膝元に「郵便局」を抱える絶好のポジションともいえる郵政大臣の職にありながら、あくまでも「検討」、しかも「すぐにできなければ仕方がない」とまで言い切る投げやりな態度である。もちろん、当時の小泉郵政大臣は、一方で「財政投融資の改革」

を郵政改革の理由として挙げつつも、「結局は、大蔵政務次官としての経験から、銀行に郵便局潰しを吹き込まれているのだろう」とのヤジに応戦するのに精一杯であったようにも見える。しかし、いずれにせよこの当時の小泉郵政大臣の発言には精緻な議論は見当たらず、「駄目なものは駄目」といった調子だけが目につく。およそ「郵政民営化→上場」といった構図は、そこには見当たらない。

これに対し、その二年後の一九九五年九月に実施された自民党総裁選で敗れた小泉純一郎氏の「郵政改革論」は、その間にかなり理論武装をした形跡が見受けられる。

「郵政民営化にこだわるのは政治家としての原点が行財政改革にあるからです。小さな政府であるべきだ、と思っているからです。役人の数を減らし、役人の仕事を少なくしなければいけない。今まで公共性の高い仕事は役人しかできませんでしたが、これからは民間企業にやってもらう。そのために民間がやりやすいような環境を整えるのです。そうしなければ小さな政府を目指したってできっこない。

それを、逆に民間がやっているのに役人がその仕事を奪ったり、民間企業がやりたい、というのをやらせない仕事がどれだけ多いことか。一九七九年に大蔵政務次官に就任した時、予算編成などを通じて民間がやるべき仕事をいかに役人が独占しているかを知りました。

（中略）

郵政民営化は行財政改革に直結するから、自分は声を張り上げるのです。経済構造の改革にさえ結びつく。」（「日経ビジネス」一九九五年一〇月二三日号）

一見すると耳触りのよい「小さな政府論」だが、「経済構造の改革にさえ結びつく」と述べている部分（傍線部。筆者による）は見逃せない。ここでいう「経済構造」の意味如何ではあるのだが、仮にこれが小泉の以前からの主張である財政投融資改革、つまり「官のカネを民へ」という論のことを指すとしたらどうであろうか。

すると「構造改革」は、ここでの小泉の発言を読む限り、第一義的な目標として掲げられる「人員削減」という意味での「行財政改革」との関係で、明らかに二の次になってしまうのである。その結果、極端なことをいえば、この段階での小泉氏の「郵政改革論」は、「とにかく官僚を減らせ」という「人減らし論」でしかない。むろん「郵政改革→上場」という、現在の郵政改革をめぐる基本構図はまったく見えてこない。

さらにその四年後の松沢成文衆議院議員（当時。現・神奈川県知事）との対談（「Ｖｏｉｃｅ」一九九九年八月号。当時、小泉氏は「郵政民営化研究会」の代表、松沢氏はその事務局長）においても、小泉純一郎氏の口からは、決して「民営化とは株式上場である」との言葉は聞かれない。松沢氏はここで、「郵政三事業の民営化の問題というのは、日本のすべての構造改革の真ん中にある問題」であるとして、構造改革には「行政改革」「財政改革」「金融改革」の三つの視点があると交通整理をする。

しかし小泉氏は、こうした理論的な話にはいっさい応じていない。あくまでも小泉氏の念頭にあるのは、郵政改革とは第一に行政改革、第二に財政改革だという視点である。

「民間にできることを役人がやっていたら、役人を減らすことはできません。いま役人を減らすことにはみんな賛成なんです。郵政三事業は民間ができるのになぜ役人がやらなくてはいけないのか。商売は民間のほうがうまい。役人のほうがうまいとなると社会主義政権になればいい。」

（「Ｖｏｉｃｅ」一九九九年八月号）

こう述べた後、最後に小泉氏は「本当に行財政改革の視点から民営化すべきだという機運が確実に高まっている」とだけ述べている。本来であれば、金融改革（金融ビッグバン）の議論の延長線上に当然出てくる論点として、まさに松沢氏の呼び水に答える形で「上場された民間金融機関とのイコール・フッティング（対等の立場での対応）」のためには、民営化された郵便局は上場せよということになるのであろうが、この段階における小泉氏は、そうした論点に言及していない。

まとめていうと、小泉総理の郵政民営化をめぐる「思想遍歴」からは、現在、政府側がしきりに「既定事項」として喧伝しようとする「郵政改革→株式上場」という構図は見えてこない。

実は、小泉政権発足後の国会答弁において、小泉総理自身は「郵政改革」と「株式上場」とを関連づけて発言したことは一度もない。しかし、先ほど紹介した政府答弁は、そもそも小泉内閣のものとしてなされた以上、こうした「郵政改革↓上場」という方針は、小泉総理自身のコミットメントがなければありえないものである。

それでは、これまでの「思想遍歴」からはいっさい垣間見えなかった「郵政改革↓上場」、いやもっと一般的に言うと「民営化↓株式上場」という構図は、誰が小泉総理に飲み込ませたものなのだろうか。

†「民営化＝株式上場」という呪縛

ここでふたたび、行革推進本部が作成した資料「特殊法人等整理合理化計画の実施状況（組織形態）」を見ていただきたい（二〇六～二〇七頁図表）。この表には、元来、特殊法人ではなく、かつ公社化されている「郵政」は掲載されていないが、すでに述べたとおり「郵政民営化」は、「官から民へ」の小泉改革という点で「特殊法人改革」と双子の関係にある。

実際、この表で明らかなとおり、特殊法人の「改革」の最終形態としては、「廃止」「独立行政法人化」と並んで「民営化」も列挙されている。それでは、特殊法人の「改革」＝「民営化」については、「民営化↓上場」という構図は成り立っているのだろうか。また、そこでの小泉総理のこの構図についてのコミットメントは、どれくらい強いものなのだろうか。

二〇〇二年六月二十四日、総理官邸大会議室。ここに合計七名の道路公団民営化推進委員会の面々が初会合のため勢ぞろいした。居並ぶ政府側は、小泉総理大臣以下、福田官房長官、石原行革担当相など、諸々の役者がそろっている。この場に、自称「七人の侍」の一人として田中一昭拓殖大学教授（当時）が座っていた。田中氏は京都大学から行政管理庁へと入省し、以後、一貫して「行政改革」に携わってきた官側の代表的な人物である。その田中氏の報告によれば、この第一回会合の場で、小泉総理は次のとおり述べたという。

「効率的な組織形態の在り方や、料金、償還期間をどうするかなど、検討すべき課題は多岐にわたりますが、民営化の推進によって経営の効率性向上、サービスの多様化、国民負担の軽減といったメリットの実現を図ることが肝要であること。また、民営化するからには、最終的には上場を目指すとの考え方をも念頭に置きつつ、濃密かつ広範なご議論をお願いしたいと思います。」

（田中一昭『偽りの民営化』ワック株式会社）

私の外務官僚としての経験からいっても、この手の「会合」において、総理大臣が最初から自分の言葉で語ることはまずない。総理大臣や大臣といった閣僚たちの「発言」は、担当する事務方が詰め、積み上げた「テキスト」を読み上げるものでしかない。さりながら発言するのは、最終的には総理大臣本人である。ほかの誰でもない。そうである以上、道路公団の民営化は、「最終的に上場を目指す」という考え方に小泉総理自身が個人的にコミットメントしていなければありえないものであり、総理としての「意思」が働いていないと抗弁することはできないだろう。そしてここでもまた、「民営化→上場」というロジックなのである。

道路公団改革は、小泉改革において真っ先に着手された「特殊法人改革」の一つである。これまで、さまざまな報道や研究を通じて、国土開発のために不可欠であるとされ、国家財政の最優先事項の一つとして取り組まれてきた「道路建設」が、どのようにして特殊法人＝道路四公団を中心とした膨大な利権構造を形成してきたかが暴かれてきた。その後、「民営化」に向けた議論は紆余曲折を経ていくことになるが、ここでは詳細については深く立ち入らない。しかし、少々余談になるが、道路公団改革については、「民営化→上場」という郵政民営化と同様の「構図」とあわせて、あえて注記しておかなければならないことがある。

それは、道路公団改革をめぐっては最初から、「官僚自身に自浄能力はなく、第三者機関によって既存の利権構造を徹底的に暴き、叩き壊す必要がある」という議論が展開されてきたということである。このことは、いわゆる「抵抗勢力」から「変な作家」と揶揄されつつも、文字どおり「道路公団改革」の立役者として活躍してきた猪瀬直樹氏の記録（『道路公団民営化の

攻防一〇〇〇日　道路の権力』文藝春秋）からもはっきりと見て取ることができる。

それによると、道路公団民営化は第三者機関によらなければ実施できないと小泉総理大臣に「刷り込み」を行なったのは、猪瀬直樹氏自身である。同氏は二〇〇一年九月十一日午後、総理官邸において小泉総理大臣と面会している。その場にいたのは、政務担当の飯島総理秘書官ではなく「財務省のエース」だが、「エリートの臭みを少しも感じさせない」好人物と描かれる丹呉総理秘書官である。首相執務室に入った猪瀬氏は小泉総理に対し、すでに渡してある道路公団の「分割民営化案」の付録篇として、「凍結後の道路建設をどうするか」と銘打った資料を提示した。そこには次のように記されていた。

「全体計画を見直したうえで、どの道路が必要でどの道路が不必要か、採算性及び経済効果を国民の代理として第三者機関で査定し、あらためて高速道路建設を国民の合意の下ですすめていく。」

これに対し、「第三者機関か、それはいい案だ」と小泉総理は「しきりに頷いた」という。この時の小泉総理ではないが、たしかに「官僚は自らの天下り先を確保するために特殊法人という受け皿をつくった」、そうである以上「官僚には自浄能力はない」、ましてや「官から民の時代なのだから、官僚以外の、民間人を登用して、利権構造の一掃をはかればよい」という議論は分かりやすい。

なぜ「第三者機関」という言葉がすっきりと頭に入ってくるのかといえば、それは「第三者」が問題の「当事者」ではない以上、「中立」であると考えられるからだ。中立であるということは「公正」であるはずであり、そのような「第三者機関」が出した「結論」は「正しい」はずである。――読者もつい、そう考えてはいないだろうか。

しかしここで、「第三者機関」という言葉を「アウトソーシング」と言い換えたとしたらどうだろう。「アウトソーシング」とは、忙しい企業や経営改革を試みている企業において、不採算だが最低限必要な事業などを、「外部委託」することを指す。なぜ外部に委託する(アウトソーシングする)のかといえば、そのほうが、アウトソーシングをさせる企業が自ら行なうよりもうまくでき、効率がよく、出費がかさまないからである。

ここで道路公団の話から、ふたたび郵政民営化の議論に戻るとすると、その一つの論点に、郵便局が持っている莫大な「貯金」という預かり資金を、日本郵政公社は果たして効率よく運用できているのかという問題がある。もし的確に運用しているというのであれば、民営化された後にも郵便貯金は一金融機関として立派にやっていくことができるであろう。しかしそうでないとするならば、何らかの手を打っておかないと、民営化後に政府の保護下から基本的には外れる郵便貯金は目減りするばかりである。郵便局に数百兆円もの貯金をしている国民としてはたまったものではない。

この点について、日本のメディアにも頻繁に出演し、米国人でありながら巧みな日本語を操る「経済ご意見番」として有名なモルガン・スタンレー証券チーフ・エコノミストのロバート・フェルドマン氏は次のとおり提案する。

「郵便貯金自身では資金の運用実務はできないから専門の運用会社にアウトソーシングしないといけないですね。運用会社にとってチャンスでしょう。」

（猪瀬直樹『決戦・郵政民営化』PHP研究所）

私は、この言葉がまさにアウトソーシング、あるいは「第三者機関」というマジック・ワードが持つ本当の意味を的確に表しているように思えてならない。つまり、ここでいう「運用会社」にとってなぜ「チャンス」なのかといえば、このアウトソーシングが運用会社自身にとっての（金銭的な）利益になるからである。この議論の延長線上で考えれば、中立しているかのように見える「第三者機関」、あるいはその構成員にも、その背後にはそれぞれの「利益構造」があることを見失ってはならないということになるはずだ。

ましてや、私たちは前章のITをめぐる議論の中で、やはり同じように企業の中でさらなる「IT革命」を進めるために、「第三者機関」の設置が必要だと盛んに議論されているという現状も知っている。その一方で、こうしたコンサルティングを展開する者たちは、「ITは企業のコアとなる事業にこそ用いるべき」と主張する。その結果、第三者機関の名で入った外部の者へ、まさに企業としての「恥部」「心臓部」を見られてしまう危険性があることは、前章でも指摘したとおりである。

このアナロジーでいえば、道路公団改革を筆頭に「小泉改革」の一環として推進されてきた「特殊法人」改革において、いわば「お決まり」となっている「第三者機関」には、こうした固有の危険性はないのだろうか。もっと端的にいえば、鳴り物入りでつくられた「第三者機関」こそ、情報の非対象性こそが唯一無二の「武器」でもあった日本、そしてアジアのマーケットや社会構造へ、外部への「風穴」と称して、その「武器」としての特質を「情報公開」の名の下にすべて溶解させ、復旧不可能なまでにする役割が見え隠れしてはいないだろうか。

このように、単純で聞こえのよいマジック・ワードの陰に、つねに「コイズミ」でもなく「抵抗勢力」でもない、第三者のあからさまな利益があるのではないかという視点をもって、もう一度、道路公団、あるいは郵政民営化の中で顕著だった「民営化↓上場」という構図を見てみるとどうなるか。このことはとりもなおさず、「日本について、最終的に誰が利益を「確定」しているのか」という、この本の冒頭からのモチーフである「利益確定の論理」へとつながってくる。

最近では三十歳そこそこのベンチャー起業家が「六本木ヒルズ族」などともてはやされ、東京証券取引所をはじめとする証券市場への「株式上場」を果たしている。「ホリエモン」をはじめとした彼らの発言や身のこなしの「軽さ」のせいか、彼らが所有するベンチャー企業による「上場」自体にも、かつて「上場」という言葉が持っていたような重々しく小難しい響きはない。むしろ、まるで「誰でもできる」といった軽いイメージすら抱かれつつあるように感じる。

しかし、実際の「上場」は、短くても優に三年はかかる一大事業である。「上場」しようとする企業が証券市場の扉を叩けば、「打ち出の小槌」を振るかのように、株式発行を通じたファイナンスを好きなようにできるというわけではない。「上場」に際しては、証券会社（主幹事会社）、監査法人、銀行、ベンチャー・キャピタルといったさまざまな専門家集団が交錯し、彼らの支援がなければ実際には不可能な仕組みとなっている。

ここで思い出していただきたいのが、これまでくり返し述べてきた中南米における米系投資銀行（とりわけゴールドマン・サックス）の役割である。「独裁政権」から民主化を遂げた一九七〇年代の中南米諸国では、「左翼独裁政権」が両手に抱えていた虎の子である「国営企業」をいっせいに民営化させた。その際、これらの中南米諸国にはまともな証券市場すらなかったくらいであり、「民営化→上場」を目指す政府に対し、徹底した指導を行ない、結果としてニューヨーク市場（NYSE）へ上場させたのが米系投資銀行であったわけである。

ここで仮に「中南米における国営企業」を、「日本における特殊法人」と置き換えたならばどうだろうか。日本にはそもそも証券市場が存在するので、ニューヨークまでわざわざ行って上場する必要はない。しかし上場をめぐる困難さは、中南米においてとは別の意味であれ、依然として存在しており、「助言」「コンサルティング」の余地は十分にある。つまり、非常に大雑把な言い方をすれば、ここには中南米、ASEAN諸国、韓国、ロシアと、世界各国で「危機」が生じ、その解決策として「民営化→上場」が行なわれたときに米系投資銀行が大活躍したのと同じ「ビジネス・モデル」が作用する余地が十分あるのだ。

これまで特段の定義をすることなく「投資銀行（インベストメント・バンク）」という用語を用いてきたが、ここであらためてその意味を確認しておきたい。投資銀行は「銀行」とはいうものの、日本で通常イメージされる「市中銀行」とは性質を異にしており、英国のマーチャント・バンクにその起源がある。

英国の伝統的なマーチャント・バンクは、元来、貿易手形引受けに重点を置く引受商社であり、また証券発行業務に重点を置く発行商社のことを指していた。これをベースとして、米国でも同種の金融業者（個人銀行）が発展し、①株式や債券などの新規発行証券の引受け、②顧客企業の財務アドバイザリー業務を二本立てとして「投資銀行」が形成されていった。

投資銀行のネットワーク

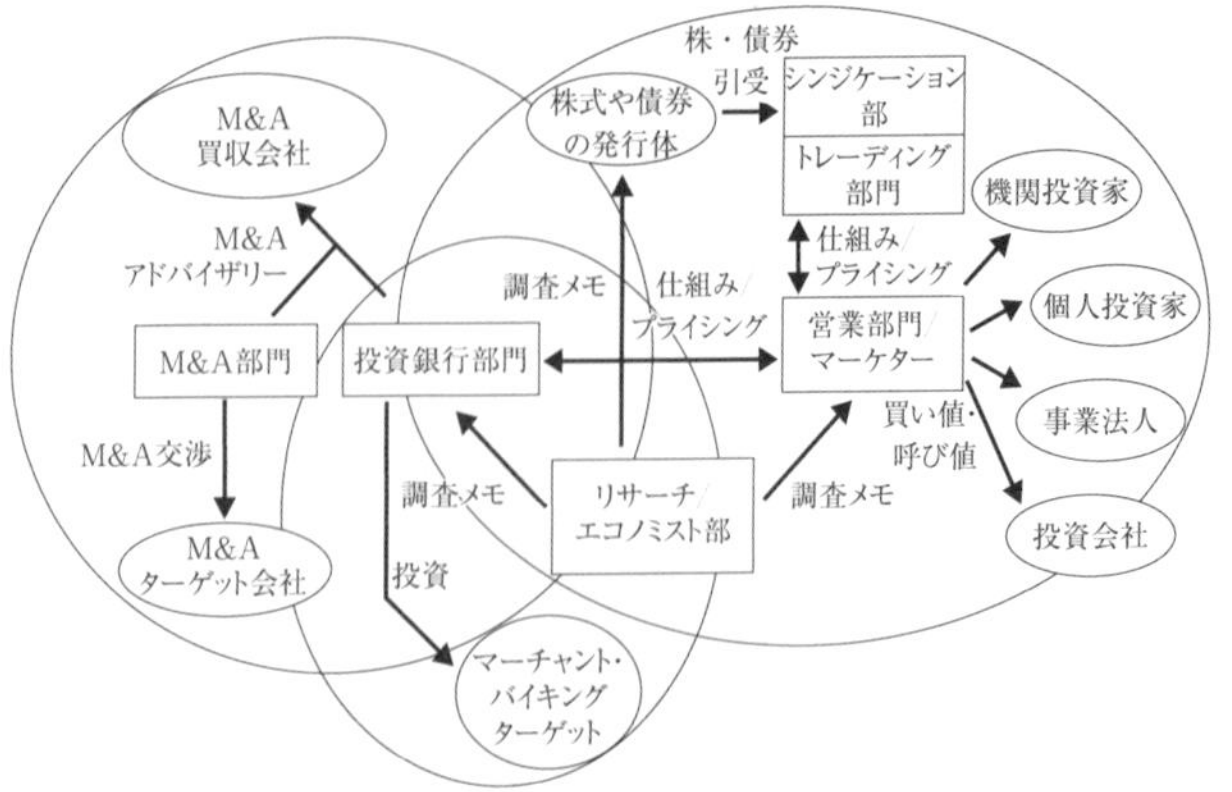

（出所 ──『R&I金融業界展望 2004』〈格付投資情報センター（2003）〉と西村信勝氏の経験をベースに作成）

出典：西村信勝著『外資系投資銀行の現場』（改訂版）日経ＢＰ社

このように形成された米系投資銀行は、株式会社の上場を担当するだけではなく、その後も経営状況へのアドバイスあるいは経営の最中に生じるさまざまな出来事への対処といった、すべての側面からの支援をサービスとして提供する企業へと発展していく。この中には、最近、日本でもようやく認知度の上がった感がある「企業買収」（Ｍ＆Ａ）の支援・防御も当然含まれている。そして米系投資銀行においては、こうした企業活動を漏れなくサポートできる人員体制が、いわば「売り」となっているわけである。

このように、その成り立ちからして株式会社の新規発行証券の引受け、そして「上場」と密接不可分な活動を展開し、発展してきた米系投資銀行が、「上場」について、たとえば日本の伝統的な証券業界との比較において劣るどころか、場合によってはそれに勝る脅威的な存在であることはいうまでもない。これまで日本のマーケットは、①金融当局による規制、②会計などの制度面での問題、③「持ち合い株」の構造を前提とした間接金融主体の「馴れ合い構造」の中で、銀行が企業に採算度外視の融資をしてきたこと、の三つの理由から、米系投資銀行の参入は困難だといわれてきた(西村信勝『外資系投資銀行の現場』〈改訂版〉日経BP社)。

しかし、こういった「参入障壁」は金融ビッグバンにより、ほとんど一掃されてきており、今や米系投資銀行は日本の金融マーケットで縦横無尽に活動を展開してきている。したがって、これだけ見ても、「日本を利益確定しているのは誰か」という問いに対する答えは、まず「米系投資銀行である」といえそうなものなのだが、そのことをさらに明確にするデータがここにある。

これは二〇〇四年前半および二〇〇五年前半について、日本企業が関連した企業買収(M&A)に対し、日本にあるどの金融機関がどれだけ支援業務(アドバイザリー)を行なったのかを、取引金額ベースで並べたものである。したがってこれは、「上場」の際に企業が発行する株式について、第一次的に最大の引受け者となる「主幹事証券会社」に、どの金融機関がなったのかだけについて述べたものではない。しかしそれだけに、米系投資銀行の日本のマーケッ

日本企業が関わるアドバイザリーランキング（AD19）

公表案件／取引金額ベース

アドバイザー	1/1/2005 - 6/30/2005			1/1/2004 - 6/30/2004				前年同期比（%）	
	取引金額（百万米ドル）	市場シェア	案件数	取引金額（百万米ドル）	市場シェア	案件数	順位	取引金額	案件数
野村	72,210.0	63.2	68	13,805.5	13.4	73	7	423.05	−6.85
三菱東京フィナンシャル・グループ	50,378.5	44.1	43	6,809.2	6.6	30	12	639.86	43.33
メリルリンチ	49,797.7	43.6	16	54,883.5	53.2	10	2	−9.27	60.00
モルガンスタンレー	44,961.2	39.3	9	9,095.4	8.8	7	10	394.33	28.57
JP モルガン	42,373.9	37.1	5	12,054.1	11.7	12	8	251.53	−58.33
ラザード	41,431.0	36.3	1	185.9	0.2	4	26	22,186.71	−75.00
KPMG コーポレート・ファイナンス	17,737.7	15.5	29	2,771.9	2.7	19	17	539.91	52.63
クレディ・スイス・ファースト・ボストン	12,283.7	10.8	5	24.0	0.0	1	39	51,082.08	400.00
大和証券 SMBC	7,705.9	6.7	42	10,333.2	10.0	43	9	−25.43	−2.33
GCA	7,140.4	6.3	9	28.4	0.0	3	36	25,042.25	200.00
アドバイザー分計	104,574.4	91.5	346	95,793.6	92.9	331		9.17	4.53
その他	9,725.2	8.5	1,042	7,317.9	7.1	839		32.90	24.20
合計	114,299.6	100.0	1,388	103,111.5	100.0	1,170		10.85	18.63

出典：トムソンファイナンシャル・ホームページ

トにおける「生き様」の全体像が、よりはっきりと分かるものとなっている。

というのも、取引金額ベースだけで見ても、「野村」「三菱東京」に続き、ランキングの上位はことごとく米系投資銀行が占めているからである。しかもここに特徴的なのは、「ＫＰＭＧコーポレート・ファイナンス」を除くと、たとえば「モルガン・スタンレー」を見れば分かるとおり、米系投資銀行による取引件数自体は、日本系金融機関と比べると極端に少ないことである。それでいながら取引金額は大きいということは、米系投資銀行は「巨額のプロジェクト」を好んで取り扱う習癖があり、いってみれば「雑魚は相手にしない」との態度だということが分かる。

察しのよい読者の方々には、これでもうお分かりだろう。――たしかに「道路公団」や「郵政公社」の民営化完了はまだ先のことであり、その意味で「上場」が行なわれたり、あるいは米系投資銀行が主幹事証券会社として、アドバイザリー・フィーで大儲けしたという話はまだ聞こえてこない。しかし、廃止されたものも含めれば全部で一六三もあった特殊法人・認可法人は、決して「雑魚」ではないことは明らかだ。米系投資銀行としても当然、ビジネスのターゲットとして、これらの動きを虎視眈々と狙っているに違いないのである。

前述の「郵便貯金の運用をアウトソーシングせよ」という主張をしたフェルドマン氏が、米系屈指の投資銀行であるモルガン・スタンレーの有名なアナリストであることが、彼らの「野心」を示唆している。もっとも、こうした「野心」が指摘されるとたいていの場合、「純粋な利潤計算に基づいているだけで、米系投資銀行のために日本の政治構造そのものを左右するといった意味での野心はない」という抗弁が返ってくる。しかし、フェルドマン氏が示すチャート（二二七頁）を見る限り、私がかねてから使っている言葉でいえば、彼らが「政経分離」どころか「政経合体」の戦略を立てていることは明白だろう。

これでもまだ、「特殊法人改革」などに見られる「小泉改革」を通じて、日本を「利益確定」

しようとしている者（＝米国）の姿が見えないというのであれば、今後、道路公団あるいは郵政公社をめぐる「民営化↓上場」によって何が生じるのかを端的に示唆する出来事が、実は今から三年前の二〇〇二年に起きていることを指摘しておきたいと思う。この年の六月十日、前世代の「特殊法人」の典型ともいえる存在であった国鉄（日本国有鉄道）の後身であるＪＲ東日本の株式の中で、日本鉄道建設公団国鉄清算事業本部が保有する五十万株の購入予約受付けが開始された。

政府はこれによって、すべてのＪＲ東日本株をマーケットに放出したことになり、ＪＲ東日本はめでたく「完全民営化」を遂げた。——この時の主幹事証券会社は、野村證券とゴールドマン・サックス証券であった（朝日新聞報道による〈http://www.be.asahi.com/20020608/W13/0059.html〉）。決して報道はされていないが、多くのマーケット関係者はこの時、ゴールドマン・サックス証券が実に「熱心な」工作を日本の国内外で展開し、この栄誉ある地位を国内第一位の野村證券との間で分け合ったことを知っている。

もちろん、このこと自体は正当な経済行為であり、何ら非難には（すくなくとも表向きは）あたらないことは言うまでもない。しかし、くり返すが、本書の「利益確定」の論理をもって現在の「特殊法人」等の改革へと連なる一連の動きを見る時、この非常に小さな記事は、今後、日本の証券マーケットであからさまに起きるであろう「事態」を予言しているのである。

郵政改革：政策順序

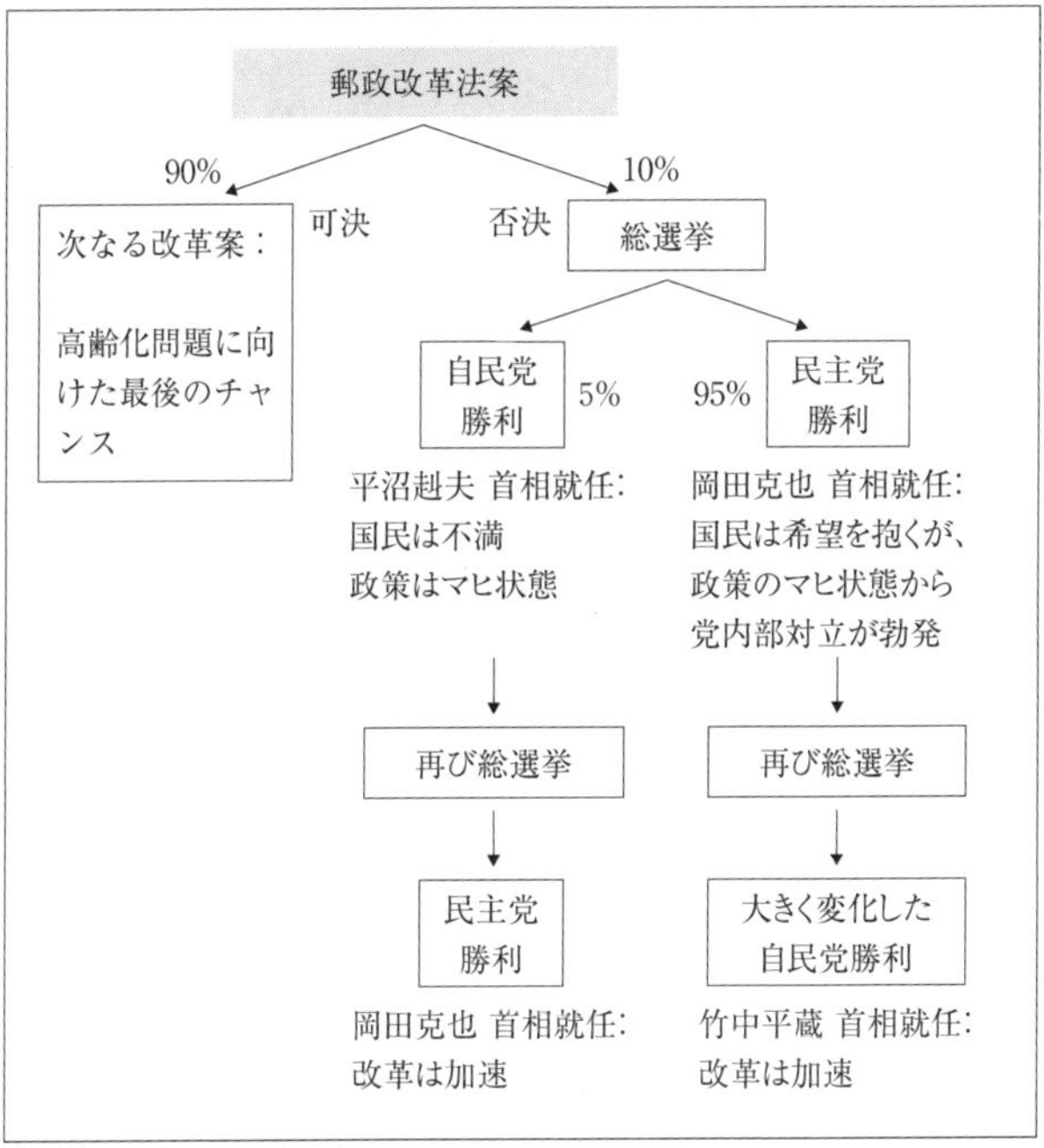

出典：猪瀬直樹『決戦・郵政民営化』第７章

米国による「利益確定」へと至る道のりをひた走ってきた日本の政治の延長線上に、「小泉改革」とりわけ「特殊法人」等の改革を位置づけた時、あくまでも「民営化→上場」の構図に固執し続ける小泉総理は、ある種の呪縛にかかっているといえるのかもしれない。そこには、元来は米国との関係において厄介な存在だったからこそ、逆に「ファウスト」として悪魔の契約を米国との間で結び、以来滑稽なほどの一貫性をもって米国の国家戦略としての「日本の利益確定」を推進してきた小泉総理の姿が透けて見えてくる。

しかも、日本における自称「構造改革」の滑稽さを描く事実が、もう一つある。——先日、私の元に、学生時代の後輩から電子メールが舞い込んできた。懐かしい便りをじっと読んでみると、どうやらこの後輩は現在、某企業より選ばれてハーバード大学ロースクールに通っているのだという。その「栄誉」を称えながらも、私は彼に真っ先に「まさか二十年前の米国経済を学んでいるのではないだろうな」と返事を送った。するとどうだろう、案の定、後輩からは息せき切ったようにメッセージが送られてきた。「そうなんです、原田さん。実は、僕ら外国人学生に教授たちが教えてくれるのは、二十年前の米国における商事法務とその判例なんですよ」。

特殊法人改革に始まる「構造改革」についても、実は事情はまったく同じである。これまでしばしば、一九七〇年代の中南米における「ビジネス・モデル」としての「国営企業の民営化→上場」という構図を指摘してきたが、当の米国はもはやこの「構図」からは卒業しているように見受けられる。

そのことを示すのが、創設されたのはロンドンだが、本社は現在、米国ニューヨーク州にあるプライスウォーターハウスクーパースの在日関連企業として知られるプライスウォーターハウスクーパース・フィナンシャル・アドバイザリー・サービスにおいて、民営化部門統括パートナーである野田由美子氏が記した『民営化の戦略と手法』（日本経済新聞社）である。政府の各種諮問機関などにおいても「民営化」の権威として活躍する野田氏は、この本の中で小泉改革を「民営化の第二の波」と位置づけた上で、次のように述べている。

「とかくわが国においては、「民営化」＝「所有の官から民への移転」との連想ゲームにいまだ陥りがちであるが、八〇年代から二〇年余にわたる世界の民営化の経験と学習に鑑みると、こうした単純なアプローチは、民営化の第二の波を迎えるにあたって、もはや有効たりえないのである。」

「株式上場」、つまり民間の投資家に「所有」を移転させることこそが、「民営化」だと確信しているかのような発言をくり返す「小泉改革」の当事者たち、さらにはそれを連日の報道によって「刷り込まれている」日本の世論にとって、これほど衝撃的な発言はないかもしれない。

4つの視点にもとづく民営化手法の比較

手法の選択肢／4つの視点	所有移転型民営化			PPP型民営化				(参考)独立行政法人
	株式公開(IPO)	トレードセール(第三者への事業譲渡)	MBO	アウトソーシング	アフェルマージ手法	コンセッション手法/BOT・BOO手法	PFI手法	
①所有(サービス供給の最終責任)	民間	民間	民間	公共	公共	公共	公共	公共
②民間のノウハウの導入	低〜中	高	低〜中	高	高	高	高	低
③民間の資金の導入	有	有	有	無	無	有	有	無
④競争の導入	低〜中	低〜中	低〜中	中〜高(選定方法次第)	高	高	高	低

出典：野田由美子『民営化の戦略と手法』日本経済新聞社

なぜなら、この野田テーゼは、「官から民へ」という小泉改革の命題の骨格をも否定しさるほどの破壊力をもったものだからだ。

そして野田氏は続くページにおいて、民営化手法は実に多種多様に存在することを図表(上表参照)によって提示するのである。その上で野田氏は、日本に負けずとも劣らないほどまでに「行過ぎた国営化」を行なった先進諸国における「民営化」の中にはバリエーションがあり、所有の移転だけではない手法があること、しかも「資本主義」の教科書であるはずの米国においては、他ならぬ郵便事業が「国営」のままであることなどを紹介していくのである。

この本を執筆した野田氏の真意がどこにあれ、そこに記された「民営化」をめぐる世界の現実は、一国の宰相が「民営化↓上場」という構図に依然として呪縛され、米国による「利益確定」のための仕上げを行なっている日本の「構造改革」より「先の世界」があることを端的に示している。そうした「民営化」をめぐる「先の世界」を認識することなく、「官から民へ」の掛け声の下、すべてを単純化し、二項対立へと持ち込むことで結果として「本当の議論」を隠蔽しているのが日本の現状なのである。

また、郵政民営化の「推進論者」は、なぜ民営化するのかという理由の一つとして、ドイツにおける先例を好んで挙げることが多い。「ドイツのボンには、郵便局にアイスタンドがありますしね。あの映像もおもしろいでしょうね」と語る竹中平蔵経済財政政策・郵政民営化担当大臣（猪瀬直樹『決戦・郵政民営化』前出）も、こうしたモデルとしての「ドイツ・ポスト民営化」信奉論者の一人である。また、野田氏も前掲書において、「所有移転型民営化」が成功裏に行なわれた数少ない例として、ドイツ・ポストを掲げている。

しかし、民営化の「イコン」のように崇めたてられるドイツ・ポストの現実は、「民営化」とはほど遠いのが実態である。私の手元には、二〇〇五年一月十日現在のドイツ・ポスト株式会社の「株主構成」を示す図（二三四頁）がある。これによると、純粋に市場に出回っている株式は発行済み株式の四四パーセント（機関投資家三四パーセント、個人投資家一〇パーセント）

政府の役割	主要分野
・80年代〜96年までは可能な限り政府部門の関与をなくし民間に委ねる ・97年以降は最も適切な供給主体の選択を重視	・80年代に実施された民営化は交通、エネルギー、水道、通信、製造業（防衛・航空等）など ・PPP手法の適用範囲は医療・教育・防衛等にも拡大
・政府の役割を極力縮減し民間に委ねる ・政府は民営化後の企業に関与しない	・インフラ関連（空港・港湾・通信等）で民営化が進展
・基本的に経済活動は民間に委ねる ・政府の役割は民間の経済活動を促進するための規制や制度設計	・ITサービス、周辺業務、ゴミ収集処理、電力、交通、空港運営等
・政府の経済活動への直接的な関与を縮減する方向 ・一元的な民営化というよりは公共と民間の適切な役割分担の実現を志向	・民営化は鉄道、石油、航空、通信、製造、電力、鉱業、IT等 ・PPP手法を、道路、空港、郵便で活用
・政府の関与を減らす方向にあるものの民営化後も株を引き続き保有 ・伝統的に政府の役割が強い	・郵便、通信、印刷、水道、空港、炭鉱で民営化 ・道路でのPFI手法の適用
・各種産業で相当の株を保有しており、民営化においても引き続き一定のシェア保有	・道路清掃、上下水道等でのPPP ・銀行・保険・通信・交通・製造業での民営化（90年代）

出典：野田由美子、前掲書

各国民営化の特徴の比較

	動機と目的	特徴および適用手法
英国	・歳入の増大 ・納税者の負担軽減 ・効率性およびサービスの質の向上 ・競争原理の導入によるサービスの選択肢の多様化 ・インフラ整備のための民間資金の導入 ・国民による株式保有の促進	・IPOを通じて40以上国営企業を売却（英国ガス会社、英国航空、英国通信会社等） ・80〜90年代は官民強制競争入札制度（CCT）の実施、その後はベストバリュー制度へ ・90年代にPFI手法が導入され、97年以降にはPPPへ発展
ニュージーランド	・財政赤字と累積債務問題の解消 ・政府部門の非効率性および競争力の欠如の改善 ・消費者により多くの選択肢を与える	・IPOおよびトレードセールが中心 ・残された政府部門にはニューパブリックマネジメント（NPM）に基づき民間経営手法を導入 ・コンセッションやアウトソーシング手法はあまり活用されず
米国	・従来から小さな政府を志向 ・コスト削減 ・政府職員の専門性の不足を補うノウハウの確保	・民間委託が中心 ・最近では官民競争調達を活用
カナダ	・地方自治体の多額の財政赤字の削減（90年代） ・非効率な政府や国営企業の改善	・初期に商業性の高い産業でIPO、商業性が低い産業には事業売却方式を適用 ・96年以降はPPP方式（BOT方式やコンセッション方式）を活用
ドイツ	・経済成長の促進 ・欧州での規制緩和の潮流への対応 ・財政健全化	・80年代までは商業性が高い産業（自動車・鉄鋼・化学等）の民営化 ・90年代は財政健全化を目的としたIPOが中心 ・ドイツ統合による旧東ドイツ国営企業の民営化 ・PPP的アプローチで官民の役割分担を進める
フランス	・国営による失敗（クレディ・リヨネの破綻） ・公的債務の削減	・コンセッション手法を伝統的に活用 ・商業性の高い産業のIPOによる売却（ただし過半数を政府が保有）

（出所——プライスウォーターハウスクーパース）

ドイツ・ポスト株式会社の株主構成（2005年1月10日）

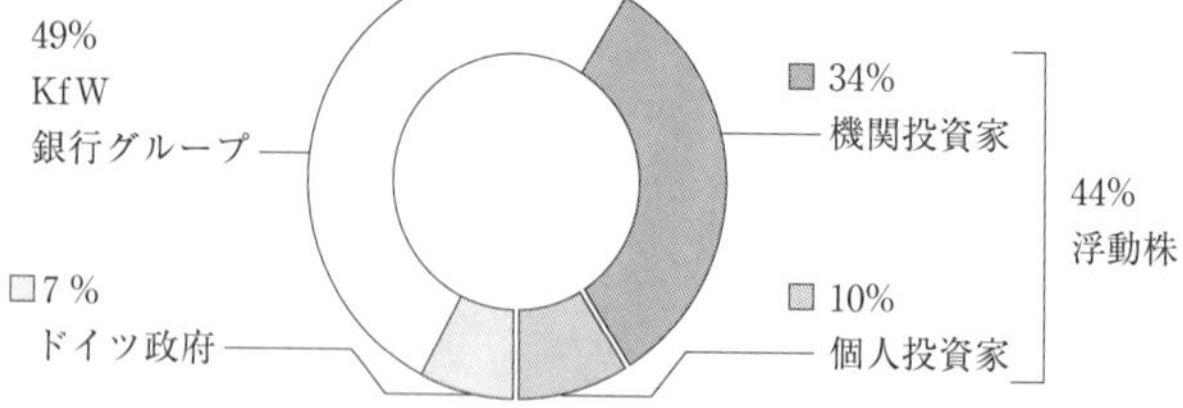

出典：ドイツ・ポスト株式会社ホームページ（邦訳は筆者）

にすぎない。残りはどうなっているのかといえば、ドイツ政府が七パーセント保有し、残りの四九パーセントを「復興公庫（KfW）銀行グループ」が握っている。

それでは、この筆頭株主である「復興公庫」とは何者なのか？――一言でいえば、この「復興公庫」とは公法上の団体（営造物、アンシュタルト）であり、その資本金は連邦政府と各州政府が出資しあっている。しかも、その意思決定機関である「行政参事会」の議長は連邦財務大臣、副議長は連邦社会労働大臣である。こうした復興銀行の意思に決定的に左右されるドイツ・ポストには、政府の意向が反映されないわけがない。したがって、「民営化→上場」という単純なモデルに呪縛された小泉改革の「官から民へ」というスローガンとはおよそかけ離れており、「郵政民営化の成功例」として単純に引用できる筋合いのものでないことはいうまでもない。

では、ドイツ政府の意思はともかく、世界唯一の覇権国である「米国の意思」がドイツ・ポストに挿入される余地はないのだろうか?——こう思い、ドイツ・ポストについてさらに資料収集した結果を見て、私は驚きを禁じえなかった。まずは、ドイツ・ポスト株式会社のCEO(最高経営責任者)クラウス・ツムヴィンケル代表取締役の経歴を御覧いただきたい。

一九四三年生まれ
一九七一年　米ウォートン・ビジネススクール卒業
一九七三年　ミュンスター大学にて政治学博士号取得
一九七四年　マッキンゼー・デュッセルドルフ支社入社、ニューヨーク勤務
一九七九年　パートナーに昇格
一九八四年　シニア・パートナーに昇格
一九九〇年　ドイツ連邦ポスト(郵便部門)代表取締役
一九九五年　ドイツ・ポスト株式会社代表取締役

ちなみに、ドイツ・ポストの財務担当取締役もまた、マッキンゼーの出身である。さまざまな解釈があろうし、また本人の「意思」とは無関係の部分が当然あるものと考えた上で、あえてこの本で述べてきたことを、この「華麗な経歴」と重ね合わせるとするならば、ここに「民営化↓上場」といった小泉改革流の「単純な構図」とは別の、米国の「明らかな意図」が見えてこないだろうか。

OBのネットワークを大切にすることで有名な、米系経営コンサルティング会社の雄として有名なマッキンゼーである。むき出しの弱肉強食を旨とした資本主義に対して伝統的に嫌悪感を持っているドイツ社会には、むしろ政府の介入をもって良しとする風土が根強い。これを「社会市場経済（Soziale Marktwirtschaft）」と呼ぶ。したがってドイツにおいては、小泉改革のような「民営化→上場」と手放しに喜ぶ議論だけでは政策運営はできない。当然、そこには上場後の企業のグリップは、あくまでも政府が取り続けるという「体裁」の維持が必要となってくる。

しかし、このように「資本」の論理で動かせなければ、ちょうど九〇年代後半、日本について米国がインターネットの普及と共に意識的に日本国内で拡充してきたように、「人的ネットワーク」（あるいはヒューマン・インテリジェンスの網の目）をもって、対象となる組織をおさえてしまえばよいのである。所詮、組織は企業であったとしても、「ヒト」がいなければ存立できない。

そうである以上、そこで限りなくトップにあり決定権限を持っているポストに、それまでの経歴から米国の「奥の院」の意思が届くヒト（ドイツ人）を「配置」することで、表面的にはともかく、実質的な「現地統治」を穏便に進めていくという「意図」を読み取ることができるのではなかろうか。欧州における「構造」がここまで巧妙であることを知ると、空恐ろしい気分にすらなってくる。

†「利益確定」される日本

米国が建国されて以来の最高統治集団としての「奥の院」の下、政・軍・官・財・学のエリートが柔軟な労働市場の中で相互に連携・作用しあうことで、「国富の移転」をキーワードとした国家戦略が策定され、これが現実に政策として実施されていくのが米国の外交である。それに対して日本は冷戦構造崩壊後、まずは「経済摩擦」「経済交渉」といった形で米国と対峙した。そして、高度に閉鎖的な市場と官僚制度を盾に、アジアにありがちな外部からみた「情報の非対称性」を、無意識ながら存分に活かしつつ抵抗した。そこで米国は、方針をより「巧妙な方向」へと転換した。

そのようななか、米国が用いたのが「構造改革」というマジック・ワードであり、「書割変更」としてのアジア通貨・経済危機、あるいは会計制度の国際標準化、BIS規制といった出来事であり、さらにはインターネットの普及と米国にとってのヒューマン・インテリジェンス・ネットワークの日本国内における拡大と浸透であった。日本でいう「失われた十年」におけるこうした地道な努力の結果、覇権国・米国は、ついには対面交渉によって日本より「国富の移転」を求めなくてもよい「構造」をつくり上げ、しかもそれを日本側から自主的に維持・

発展させていくことに成功している。

その構造＝システム、すなわち米国が国富移転のターゲットとしてとらえた日本の「利益確定」のためのツールが、日米外交当局間で「静かに」交換され、折々の日米首脳会談において「確定」される「年次改革要望書」（日米規制改革および競争政策イニシアティブに基づく日本政府への米国政府の年次改革要望書）であることは、本書の中でも何度か触れてきたとおりである。

米国による数ある日本の「利益確定」のうち、この章で取り上げた「小泉改革」の結果としての「利益確定」である特殊法人改革あるいは郵政民営化については、「民営化→上場」がまだ実現していない限りにおいては、その「利益」が米国によって確定したとはいえない状況にある。その意味で「まだ間に合う」といえないことはない。

「それではどうするか」という議論を最終章で論ずる前に、小泉改革の二つの目玉といえるこれら二つの「改革」について、米国はどのようなリクエストをしてきたかをふり返っておくことにしたい。なぜなら、そこで確認される米国の「リクエスト」の方向に向かって現状が進んでいるならば、この静かな、しかし堅牢な「利益確定」のシステムが、しっかりと米国のために機能していることの証明となるからである。

二〇〇三年十月二十四日、日米間で「年次改革要望書」が取り交わされた。その中の「詳論」部分においてはまず、「特殊法人の民営化」と題し、次のような「要求」が米国より突きつけられていた。

「米国は、日本道路公団や日本郵政公社の民営化を含む日本の特殊法人を民営化および再編するという小泉首相の取り組みに引き続き関心を持つ。米国はまた、この改革が積極的に推し進められれば、競争が促され、また資源のより生産的な活用をもたらすような重要な影響を日本経済に与えることになると考える。特殊法人改革にあたり、米国は、日本に対し、以下の措置を引き続き求める。

IV-A　特殊法人の民営化および再編を透明な形で行う。

IV-B　特殊法人改革によって影響を受ける、あるいはその可能性のある国内外の民間機関に対し、パブリック・コメント手続きの活用などを通して、意見を提出する意義ある機会を確保する。」（注——和文仮訳は在日米国大使館作成。以下同）

ここで、「たった二つしか要求事項がないのか」と安心してしまってはいけない。なぜなら、これまでも見てきたとおり、現状をみると特殊法人は大きな意味で「民営化→上場」というスパイラルにすでに入っているのだ。あとは個別の特殊法人について、投資銀行を使って主幹事証券会社の座を確保し、まずは株式上場益、さらには「親身になって聞いてくれるアドバイザリー・サービスの提供者」として、不即不離の関係を維持するという「マイクロマネジメント」に努めればよいからである。

また、「年次改革要望書」の他の部分についても同じことが言えるのであるが、仮に日本が「利益確定」にそむく方向に走り出した際に、これにストップをかける措置として「パブリック・コメント」制度の充実を米国は執拗なまでに求めている。「情報公開」「ディスクロージャー」といえば聞こえはよい。

しかし、これまで拡大してきた日本人の顔をしたヒューマン・インテリジェンスの存在を前提とすれば、そこで申し立てられる「日本人からの異議」が果たして何を意味するかはもはや明らかだろう。もちろん、在日米国企業も面と向かって「異議申し立て」はできようが、もはややその必然性はない。そのことは、九〇年代後半の「書割変更」を境として、一気に「構造改革」へと自律的に走ってきた日本の歴史からも明らかなはずである。

では、郵政民営化についてはどうだろうか。「年次改革要望書」の「詳論」部分には、特殊法人について述べた後、「郵便金融改革」として次の言及がある。

「郵便金融機関（郵便貯金「郵貯」および簡易保険「簡保」）が日本の金融市場の効率的な運営に与える影響について、日本経団連やその他の機関が表明している懸念を、米国政府は引き続き共有する。

V-A　透明性――簡保商品および日本郵政公社による元本無保証型の「郵貯」投資商品の開

発および販売にかかわる法律の改正案の策定につき、米国政府は、総務省が、関連分野における民間活動に影響を及ぼしうるあらゆる面について、一般市民（外国保険会社も含む）への十分な情報提供および意見の収集を行う手段を講じることを求める。それは、保険業界や他の民間関係機関（国内外を含む）が以下の事項に関し、意見を述べ、また総務省の職員と意見交換する有意義な機会を提供することを含む。

V-A-1　国会提出前の総務省の計画や法案

V-A-2　パブリック・コメント手続きの最大限の活用と実施を伴う、実施段階前のガイドライン案やその他の規制措置

V-B　同一基準　米国は日本に対し、郵便金融機関と民間の競合会社間の公正な競争確保のため、郵便金融機関に民間と同一の法律、税金、セーフティーネットのコスト負担、責任準備金条件、基準および規制監視を適用することを提言する。

V-C　拡大抑制　米国は日本に対し、郵便金融機関（簡保と郵貯）は、民間が提供できるいかなる新規の保険商品の引き受け、あるいは新規の元本無保証の投資商品を提供することも、上記にあるように公正な競争が確保されるまでは、禁ずることを求める。そのために、米国は日本政府に対し、新規の商品に関し、一九九四年の日米保険協定に規定されている新規商品の検討および認可手続きに関する日本の約束を再確認するよう求める。

Ⅴ-Ｄ　民営化　米国政府は、二〇〇七年四月の郵政民営化を目標に、小泉首相が竹中経済財政・金融担当大臣に簡保、郵貯を含む郵政三事業の民営化プランを、二〇〇四年秋までに作成するよう指示したことを特筆する。現行制度のいかなる変更も日本の広範な保険市場における競争およびその効果的な運営に重要な影響を与えるため、民営化に関するすべての意思決定および実施についてはオープンで透明性のある方法で行われることが重要である。これには、上記のⅤ-Ａに述べられているものと同様の措置が含まれる。」

以上の米国からの「要求」に日本側が応じ、国内的にさまざまな「努力」を行なった結果について米国が出した「成績表」にあたるのが、二〇〇四年六月八日付で小泉総理とブッシュ大統領へ「報告」された「日米間の規制改革及び競争政策イニシアティブに関する日米両国首脳への第三回報告書」である。これはまさに、米国の日本に対する「利益確定」の状況を如実に物語ったものである。

「背景：日本における日本郵政公社その他の公団・公社の民営化計画は、民間部門に多くの課題と機会を与えている。このプロセスが開放的で公正なものであることを確保するためには、関係当事者全員が政府の情報と政策決定プロセスに対して同等のアクセスを持てるように規制制度に対してさらなる透明性と説明責任を持たせることが、日本にとり大変重要になる。このために、米国は、より意味のある一般参加の機会を与えるような方法でパブリック・コメント手続を改革している日本政府の努力を歓迎する。このことは素晴らしい前進ではあるものの、残されている課題もある。つまり、規制プロセスの透明性の向上、行政機関の説明責任の改善、省庁の自由裁量権限の抑制、そして権限の一般への移譲が課題として挙げられる。外国企業が同一条件の下で競争し、国内の日本企業が従来から享受してきた特典を削減することにつながるような改革をさらに進める必要がある。

進展：日本の規制制度の透明性を改善するために日本政府が今までに講じてきた、また今後講じていく措置には、以下のものが挙げられる。

■日本郵政公社民営化プロセスに対して米国企業が意見を述べる新たな意味のある機会を与えることに同意する。

■日本郵政公社には、現在、新たな、または変更された簡保商品を導入する計画のないことが確認された。これは、まずは簡保と民間保険事業者との間に同一の競争条件が整備される必要があるとの強い懸念に応えたものである。

■閣議決定されたパブリック・コメント手続きの改善計画が二〇〇四年度に積極的に実行に移される。これにより、規制の作成・改定により意味のある民間部門の参加が可能になる。

日本の規制改革推進・民間開放三カ年計画には、多くの改革提言が含まれる。これには、以下の措置が挙げられる。

■パブリック・コメントの募集期間には原則三十日間を確保することとし、例外的にそれを下回る期間を設定する場合には、その理由を当該行政機関が公表する。
■各行政機関は、提出されたパブリック・コメントを最終規制に採用しない場合において、その考え方を詳細に公表する。
■規制原案に、可能な限り規制影響分析を付してパブリック・コメント手続の対象とする。
■各行政機関は、国民等からの提出意見・情報について各行政機関のホームページ上でその全文を公表する。
■コメントが十分考慮され、また適切な場合にはそれが最終規制に取り入れられているか、といった観点から、パブリック・コメント手続の実施状況および適正な運用についての充実した調査を実施する。
■パブリック・コメント手続を日本の行政手続法に盛り込んで、同手続を強化する。
■電子政府の総合窓口（www.e-gov.go.jp/）を充実させて、国民が規制原案に係るパブリック・コメント招請案件を一層容易に一覧できるようにした。」

まず、この「共同報告書」には、日米双方の問題点についてお互いに「要望書」で言い合った結果、相互に改善した点をまとめたものであるはずなのに、日本がおおよそ何を米国のためにしたのかということしか書いていない点に疑義がある。ある日本政府関係者は「米国は何をいっても実行しようとしないので、結局、毎年同じような対米要求がなされ、事実上「無視」されて終わってしまっている」と嘆いていた。しかし、そうした根本的な問題点をあえて踏まえた上でも、次のような点がどうしても目につくのである。

（1）特殊法人改革については、一般的な評価しか書かれていない。その理由についてはもちろん明らかにされていないが、これまで述べてきた米国による「利益確定」の文脈からすれば、あとは「民営化→上場」によって実際の上場益を手にするだけの状況になっているので、「問題はない」ということなのであろう。

（2）これに対し、郵政民営化については驚くべきことに、日本側は「米国からの意見を聴取する機会を設ける」ことに同意してしまっている。次に述べる「パブリック・コメント」制度を、九〇年代後半より日本中に展開してきた米国のヒューマン・インテリジェンスのネットワークとあわせて考えれば、本来ならもはや米国政府自身が面と向かって「意見を述べる」必要などないはずである。

あえてここで一札取っている背景としては、「郵政改革」は米国からみてもきわめてリスクの高い「改革」だからなのであろう。いずれにせよ、現在の「郵政民営化」が、実は米国の「コメント」を踏まえたものでなければならないことなど、いったいどれだけの日本人が意識しているであろうか。

（3）米側から満足感が表明されつつも、日本側が細かい注文に応じる形になっているのが、パブリック・コメントについてである。興味深いのが、誰が「異議申し立て」をするのか、あるいは「コメント」をするのかという「主語」について、いっさい言及がないところである。したがって普通に読み流すと、「日本人」が「日本政府」に対してコメントするのが目的のようではある。

しかし、「背景」の最後に言及されているとおり、外国企業（＝米国企業）が日本のマーケットのより奥深くに浸透していくために、日本企業の特別扱いをやめろということが「目的」であるはずだ。そのようなコメントを、「日本人」「日本企業」が第一義的にするとは想定できない。

しかし、それでもなお、パブリック・コメントが「結局は日本人のためだ」といったニュアンスをあえて色濃く残しているのは、実際に「異議申し立て」「コメント」をする「日本人」がいるということをあらかじめ示しておきたいからであろう。このようにあえて「異議申し立て」「コメント」をする「日本人」が、結果として誰のために仕事をしているのかは、もはや明らかではなかろうか。米国である。ここにもまた、日本国内において拡大した米国のヒューマン・インテリジェンス・ネットワークの「影」をはっきりと感じ取ることができよう。

（4）総じていえば、米国は「特殊法人改革」「郵政民営化」といった個別の論点については、とりあえず「利益確定」のための最終段階にまで持ち込みつつあるのであまり焦りは見られない。あえていえば、これだけ重大な経済外交文書であるというのに、定量的な数字がまったく併記されていないというルーズさが、この文書がそもそも「利益確定の確認」のための念書にすぎないことを物語っている。

ここで取り上げた二〇〇三年版の「対日要望書」に対する「共同報告書」が日米両首脳間で交わされた二〇〇四年に、あらためて取り交わされた二〇〇四年版の「対日要望書」(抜粋概要は六〇～六二頁参照)では、郵政民営化について、より具体的な要求を米国は日本に対して突きつけてはいる。しかし、要求の内容を示す定量的な数字は依然として記されておらず、また最終的にプロセスの「透明性」を確保するために、パブリック・コメント手続きの重要性が強調されているといった点で、二〇〇三年版と基本的な性格は変わっていないものといえよう。

また、米側がパブリック・コメント制度にあくまでもこだわるのは、今はこうした個別の論点について「利益確定」が安定的にできてはいても、将来については不安が残っているからだろう。アジア、そして日本に残存する「情報の非対称性」が障害となって、今後生じるかもしれない日本のマーケットにおけるビジネス・チャンスを見失う、あるいはそもそも見つけられないという事態が絶対にないようにしたいという判断がうかがえる。

「情報の非対称性」がない限りにおいて、日本のマーケットは米国にとってまるで丸裸であるようなものである。そして実際、米国はこうした日本市場の「情報の非対称性」を根こそぎ取り払うべく、丹念に努力を続けてきた。それでもなお、「情報の非対称性」の残り滓《かす》が米国による「利益確定」を妨害するようなことが万が一にもないよう、パブリック・コメント制度であらかじめリスク・ヘッジしておこうというわけである。

以上述べたことをまとめていうと、この二〇〇四年版「成績表」における「利益確定」については米国は、特殊法人についてはおおむね満足、郵政民営化についてはやや難あり、いずれにせよリスク・ヘッジ（あるいは、今後出てくるかもしれない日本のマーケットにおける「利益」の獲得）のためにパブリック・コメント制度を留保するという評価をしているのだろう。特に後者の点はさらに執拗で、二〇〇四年に提示された年次改革要望書においても、「外国の業界団体が専門家あるいは関係者として審議会で見解を表明する機会を増やす」とまで踏み込んだ要求を突きつけている。

もっともその後、第四十四回衆議院総選挙で小泉総理は圧勝し、その勢いで二〇〇五年十月十四日、郵政民営化関連法案は可決した。これによって「ニッポン」というファンドのマネージャーである小泉総理は、米国から課せられた宿題を果たせたことになる。

今、こうしている間にも、日本は自ら「利益確定」されるための「構造改革」へと駆り立てられている。しかも、それが同じ「日本人」の顔をした者たちの「異議申し立て」あるいは「コメント」によるものであるから、端《はな》から否定するわけにはいかない。徐々にその声に押し切られ、やがてそこでの「改革」措置について日米両首脳間で「確認」がなされ、「利益確定」がなされていく。

この静かな、しかし確実な「利益確定」のシステムを演出したのが米国であるのに対し、それまでの主演俳優以上に「演出家」の意図に沿った動きを見せてきたのが、メフィストフェレスならぬアンクル・サムと悪魔の契約を結んだ「ファウスト」＝小泉総理である。その脇には、たとえば九〇年代前半に「銀行への公的資金導入」に体を張って抵抗した大蔵省のような、「情報の非対称性」の権化のような者はもはや影も形もいない。ゆっくりとベルト・コンベアーに載せられて吟味され、「利益確定」をひたすら待っているだけの、「太った豚」＝日本がいるだけである。

私たちはもう、この流れをとどめることはできないのだろうか。失われた十年を超えて「騙され続けた日本」に、もはや「逆襲」する余地はないのだろうか。——次章では、逆に日本がこれまでの米国からの「呪縛」を乗り越えるために、具体的に何をすればよいのかについて考えていくこととしたい。

第六章

日本の「逆襲」

†福澤諭吉を思い出す

私はこれまで、九〇年代の初頭以来、米国が「同盟国」であるはずの日本を「利益確定」していく仕組みを描いてきた。「戦後」も続いてきた日本の「敗戦史」を、嘆息交じりでここまで読んでいただいた皆さんは、どんな感想を持たれただろうか？　「やるせなさ」だろうか。それとも「無力感」だろうか。あるいは「闘争心」だろうか。「克己心」だろうか。

私は外務省を自主退職する直前から、母校の東京大学、そしてこの夏から地元・国立市にある一橋大学の有志学生を相手に、こうした日本と米国の覇権構造をめぐる「真実」を教えるため自主ゼミ「寺子屋」を立ち上げ、定期的に授業を行なってきた。週末だというのに、わざわざ足を運んでくれる大学生たちの熱心さには胸を打たれる。しかしその一方で、そんな彼ら・彼女らでさえ、こうした「真実」、世の中のどこへ行っても教わることのない「密教」を目の当たりにすると、口にする言葉がある。

「原田さん、いいじゃないですか。だって、世の中、そういうふうに米国が仕切ってるんだから、仕方ないんですよ」。

賢い彼ら・彼女らの「無力感」にはそれなりの重みがあるにしても、そういった言葉を聴くたびに、私は自然に思い出す言葉がある。そしてその「言葉」を思い出すたびに、「過去の日本人」が思えたことを、なぜ「今の私たち日本人」が思うことができないのか、そしてまた、現代日本に蔓延《まんえん》する「不戦敗感覚」とでもいえる発想は、どこから来ているのかと考えざるをえなくなるのだ。

「西洋諸国を文明と云ふと雖ども、正しく今の世界に在りてこの名を下す可きのみ。細かにこれを論ずれば足らざるもの甚だ多し。戦争は世界無上の禍なれども、西洋諸国、常に戦争を事とせり。盗賊殺人は人間の一大事なれども、西洋諸国にて物を盗む者あり、人を殺す者あり、国内に党与を結びて権を争ふ者あり、権を失ふて不平を唱ふる者あり。況や其の外国交際の法の如きは、権謀術数至らざる所なしと云ふも可なり。」（福澤諭吉「文明論之概略」）

これは現在、その「実学」志向が全面開花し、今や東京大学を追い越すくらいの勢いである「慶應義塾大学」の創設者であり、明治期屈指の言論人として「脱亜入欧」（「アジアから抜け出し、欧米列強と肩を並べるべき」）論を著作「脱亜論」の中で展開した福澤諭吉の言葉である。

福澤諭吉は下級武士の生まれで、明治政府を創った藩閥勢力とは一線を画し、反骨精神旺盛、しかもそうした在野の身でありながらも、明治政府関係者以上に文明開化とそれによる日本の「欧化」を主張した人物として、日本の学校教育の中では往々にして生徒の頭の中に「刷り込まれる」歴史上の人物である。

そんな福澤諭吉ではあるが、あらためて彼が遺した言葉を読み返し、感嘆の声まで上げてしまったことを告白しておきたい。「西洋諸国こそが文明を担っているかのように言われているが、それは今の世の中だからこそそういわれるにすぎないのだ」と断言する福澤。その胸中には、あまりにも健全な「相対主義」と、そのバックグラウンドとして「明治維新と文明開化は、日本を国家として存続させるためのものであった」という強烈な目的意識が宿っていることも、この言葉からは明らかだ。

ある一つの物事にすがりつくように論を展開する「絶対主義」とは異なり、物事をすべて「結局はある状況下だから意味があり、有効であるにすぎない」と次々に相対化していく「相対主義」は、一見したところ風見鶏のようではあっても、実のところ、「相対的に物事を見ている自分」という視点はつねにそこにある。このことは、別の場所で「自国の独立を以て文明の目的と為すの議論を唱ふる」と断言する福澤諭吉の姿勢にも現れている。

もちろん、そうは言いつつも、福澤諭吉は「結論」として、西洋文明の実利的な意味での意義を認め、「断じて西洋の文明を取る可きなり」とまで断言する。そして、騒乱の最中であっても、つねに文明開化の学問を学び続けることの必要性を私塾「慶應義塾」で説き続け、遂には日本で屈指の私立大学にまで発展させていく福澤の姿勢には、そうした「結論」に対するゆるぎない自信がみなぎっている。

しかし、くり返しになるが、あくまでもそれは日本の自立、独立を守るための「方便」にすぎず、またそれは欧米列強によって攻め込まれるかもしれないという危機感が現実のものとしてあったからこそ意味ある「選択」であり、「結論」であったにすぎない。そしてこの結論は、福澤諭吉自身が生涯にわたって、最も意識し続けたことであるに違いないのである。

†もう騙されない日本の「逆襲」

かの福澤諭吉の言とはいえ、百四十年前も昔の言葉をなぜ持ち出してきたのかというと、これからの日本人が自らを利益確定しようとする米国の姿に気づき、それにもう騙されないという意味での「逆襲」を行なうにあたって鍵となるメッセージが、まさにこの言葉に秘められているように思うからである。この本のタイトルは考えあぐねた結果、「騙すアメリカ　騙される日本」とした。これまで、利益確定を目指して日本を騙し続ける米国の巧妙な国家戦略とその戦術について述べてきたが、そろそろ「それでは、日本としてはもう騙されないために何をしたらいいのか」という、実践的な議論に筆を進めてみたいと思う。

「もう騙されない」と堅く誓ったからといって、気負う必要はない。米国の「奥の院」が密かに進めてきた「国家戦略」によって騙され、「国富」を自動的にトランスファーするシステムとそうした構造の維持のための仕組みを飲み込まされてきた日本人にとっては、まずはそこにある「真実」を知ること、それこそが最初の「逆襲」に他ならないからだ。

九〇年代前半、日米経済摩擦の中で連日鳴り響いてきた交渉テーブル上の「怒号」が消えた時から、今日までの歩みをもう一度ふり返っていただきたい。そこではつねに、日本あるいはアジア特有の「情報の非対称性」、つまり「つるんでいて、中で何が行なわれているか分からない」という状況こそが密かに打破されるべきターゲットとされてきた。なぜなら、この「情報の非対称性」という見えない障壁こそが、日本の太った「国富」が米国の「奥の院」へとトランスファーされることを、暗黙のうちに阻止する最後の壁だったからである。

したがって、米国は交渉による正面突破という当初の戦術を変更し、日本人自身が「情報の非対称性」を壊死させるようにあらゆる手を尽くして操作してきたのである。そこでは「構造改革」というマジック・ワードがあり、「会計基準の国際標準化」、あるいは「BIS規制」、そしてインターネットの普及、さらにはアジア通貨・経済危機という壮大な「書割の変更」すらあった。

しかも、一連の法制度変更とそれに伴う「最新の米国経験・知識がある専門家に対する需要急増」に伴い、米国にとってのヒューマン・インテリジェンスのネットワークが日本社会の隅々まで展開・拡散されていく。そのことによって、やがて政・官・財・メディア、さらにはアカデミズムまですべての領域にわたって、「構造改革」を自力走行させていく力が日本社会の中に人知れず植えつけられていく。

そこでは、登場した頃の小泉総理とその公約である「小泉改革」の実現を盲信し、小泉総理こそ「時代の救世主」だと信じて疑わなかった劇場政治の観客である私たち＝日本人の目に、もはや米国の姿は影も形も見えなくなっている。その目に映るのは、「抵抗勢力」と揶揄された同じ日本人たちであり、あるいは彼らと勇猛に戦う「改革勢力」の日本人たちだけだ。

そこで後者のグループの日本人は「グローバリゼーション」という御旗を高々と掲げ、一九七〇年代に中南米で使われて以来の「成功するビジネス・モデル」としての「構造改革」の日本における歴史的必然を語り、米国との政治・経済・文化のあらゆる側面での「同盟関係」が未来永劫続くべきであるとまで主張する。これに対し、往々にして感情論になりがちな前者のグループの日本人たちは、さらにヒートアップする。

これによって国論は混乱に陥り、何も物事は進まなくなっていく。そんななか、「構造調整」の名の下、徹底したリストラを受け、路頭に迷いかけたり、あるいは過度の残業を強いられ疲労困憊《こんぱい》した両親たちの姿を目の当たりにし、「希望」を失った日本の若者たちは、地球上で唯一の「希望の国」＝アメリカに向けて集団脱走（エクソダス）する。

私は、六十年前のあの夏の日、廃墟の中でも「勝利」を信じてやまなかったような狂信的な愛国主義を説く者でも、あるいはその後に続いたある種のイデオロギー的な「反米帝国主義」

を声高に掲げようとする者でもない。現実問題として、もはや一国という範囲を超え、世界全体を覆う「構造」と化した「アメリカ的なるもの」に竹槍一本で突進していくには、あまりに私たちは多くのことを学びすぎた。もはや「あの時代」には戻れない。

しかし、だからこそ、この「構造」に対する「逆襲」のためには、福澤諭吉が唱えたようなクールな実利主義、あるいは意識的な選択というものが不可欠だと考えるのである。日本という「自己」の自立とその維持だけが目的であるとしつつ、まさにそのためにこそ、既存の「構造」の大本にいる米国の「奥の院」がこれまで営々とつくり上げた「国家戦略」を完璧にマスターし、そこにあるパターンを読みきることによって、逆にそれを突き抜けてしまうということ。——これが、日本にできる「逆襲」に他ならない。

かつての余波か、あるいは意図的な「操作」なのか、依然として「構造改革」を求める声を上げている勢力が「日本人」の中にいるが、賢明なマーケット関係者は、日本経済が実質的な構造調整を完了させたことを知っている。それは、日本銀行「企業短期経済観測調査」などに見られる製造業の設備投資判断と生産能力指数との関係、あるいは設備投資計画のトレンド、あるいは総務省や厚生労働省の統計による有効求人倍率と失業率との関係から見ても明らかである。これらの指数はいずれも、日本がいつものように「生真面目」に構造調整を行なってきた結果、もはや「壊す必要」のないことを物語っているのである。

「壊す必要」がない以上、これからは「創る時代」が到来するはずである。しかし、ここでふたたび「創る時代」だからといって、米国の「奥の院」が張りめぐらす「構造」を無視して日本経済のさらなる再生を試みると、やがて日本はふたたび米国に目をつけられ、新たな「利益確定」に対する脅威に人知れずさらされることとなる。――それでは、そうした事態に陥ることを防ぐためにはどうしたらいいのか。

私はそのため、すなわち目覚めた日本人による「逆襲」のためには、次の四つを実現していかなければならないと考えている。

第一に、福澤諭吉の冷徹だが情熱的な感覚に立ち戻り、今や米国によって「利益確定」される対象となり、そのために「構造改革」という名前の「自走装置」を仕掛けられてしまった現在の日本の本当の「状況」について、日本人のすべてが知ることである。そして、そのことはもはや日本の「常識」とならなければならない。こうすることが、本当は打破したい「構造」に対する「逆襲」の第一歩であることはすでに述べた。「知らないこと」ほど恐ろしいことはない。だが逆に、「知ること」によってだけ、初めて次にとるべき行動が導かれることとなる。

第二に、日本の比較優位が何にあるのか、あるいはあったのかについて、もう一度冷静にふり返ってみることである。これまで述べてきたことを踏まえれば、ここでのポイントは二つあるように思う。

一つは、あえて何度も述べることにするが、日本の強みは、一般に「弱み」「問題点」として糾弾されることの多い既存の「構造」にこそあるということである。「談合体質」「封建的」「権威主義的」など、さまざまに批判されている日本社会の「実態」が持つ意義を、ここではあえて逆手にとった形で、賢明なメディア・リテラシーをもって読み取らなければならない。その結果、こうした旧来からの日本社会の「実態」を再評価すべき場合もあるかもしれない。

えてしてこうした議論は、「改革を阻む抵抗勢力に与するのか」と声高に批判されかねない。だが、ここまで読んできてくださった読者の方々は、いわば日本人が「つるんでいる状況」こそが、マーケットあるいは社会の外にいる者からすれば不可解であり、脅威の対象であり、だからこそ米国が国家戦略として、ヒューマン・インテリジェンスの網羅とインターネットの普及をもって、これを打破しようと努力してきたのだということを理解されているだろう。今、あらためて日本社会に固有な「情報の非対称性」に注目し、その健全な形での復興を図ることが、米国による「利益確定」に対する最大の防御手段なのである。

実際、私自身はこうした認識の下、まずは「隗《かい》より始めよ」とばかりに、団塊ジュニアの志ある者たちを集めた会合を主宰してきた。しかし、その動きと発するメッセージからして、明らかに米国の「奥の院」からの触手の末端としか思えない複数の人物が、そうした私の会合の現場にまで何度も足を運んできたという現実があることを告白しておきたい。彼らにとって、「覇権構造」を少しでも歪ませそうな出来事は徹底した監視の対象となる。それが現代日本の現実なのである。

二つ目に日本の「比較優位」として重要なのが、「突き抜ける」能力である。国・地域別に強みとする組織能力を考えた場合、日本は「現場の統合力」に秀でているのに対し、米国は「システムの構想力」に長けているという議論がある（ちなみに欧州は「対顧客の表現力」）。そして、それら特性に応じて、日本の場合にはオペレーション重視の擦り合わせ型製品を、米国は知識集約的なオープン・モジュラー製品（業界標準となるような製品）をそれぞれ得意とするのだという（藤本隆宏「アーキテクチャの比較優位に関する一考察」独立行政法人・経済産業研究所〈RIETI〉ディスカッション・ペーパー 05―J―013などを参照）。

ここでこうしたテーゼについて、さらなる文化人類学的な考察をしている余裕はないが、この命題を前提とすると、一つだけはっきりと言えることがある。それは、日本が優れているのは既存のルールを徹底してマスターし、それに基づき現場で一致団結して行動するということである。

現に他地域・国ではあまり例のないほどの集中度によってだけ成し遂げられる業績・製品へと到達することが、これまで日本ではまま見られた。古くは大戦中の「ゼロ戦（零式艦上戦闘機）」に始まり、脅威の低公害を実現した自動車の「ロータリー・エンジン」、あるいは若者の生活様式を一変させた「ウォークマン」から「iモード」に至るまで、その例は枚挙に暇がない。

NHKの人気番組「プロジェクトX」ではないが、しばしばノスタルジアと共に語られるこうした「伝説」は、実は過去のものではなく、米国が徹底して日本に流布させた「金融資本主義」という名前の新たな「構造」においてこそ、ふたたび「現実」のものとして見直されなければならない。そしてまた、そうした「現実」をもたらすのは、既存の米国による「覇権構造」の経緯と日本の置かれた状況を認識した新しい日本人だけなのである。

そうである以上、「逆襲」のためには三番目として、その意味での「教育」の徹底した改革が必要となる。日本の至るところで「利益確定」を進めてきた米国筋は、今現在、学校法人改革の形で日本の「教育」にまで手をつけ始めている。そういった現在進行形の現実を踏まえ、私たちとしても、そう遠くない将来、米国側とどちらが日本の「教育現場」に決定的な影響力を与えるかの競争となることを覚悟しなければならない。

具体的には、何よりもまず初等教育段階からすべての教育課程において、「カネ」とは何か、そしてそれはどこから生まれ、どうすれば得られるのかという、「資本主義のイロハ」を徹底して子供に教え込むシステムをつくらなくてはならない。自称「資本主義国」であり、また「構造改革」を支持しているといいながら、その実、国民の多くがエクイティー・ファイナンスの根幹となる「有価証券（たとえば株券）」を手にしたことも、取引したこともないという現状は徹底して打破されるべきである（経済教育、投資教育の充実）。

また、そうした「経済」の現実を初等教育から教え込む中で、少なくとも高等教育機関においては、マーケットの仕組みだけではなく、それを取り巻く人脈や金脈、そしてそれが投影された政治的現実を教え込む場が必要である。志あるエリート候補生が、またぞろ日本を脱出し、留学先の米国においてある人脈へと取り込まれ、そのネットワークが世界中で持つ圧倒的な力に気圧《けお》されて帰ってくるという現実は、高校あるいは大学にいる段階から摘み取らなければならない。

仮にそうした知識や意識を授けることが、公的な立場からはどうしても憚《はばか》られるというのであっても、まだ手はある。オルタナティブ教育として「私塾」あるいは「寺子屋」の形で、「真実」を知っている志ある年長の日本人たちが、こうした高等教育機関に事実上「浸透」していってもよいだろう。

こうした正規教育ではないオルタナティブな教育の場でこそ、次の時代の日本を担う人材が育成されてくることを、日本は近代史の中で学んできている。福澤諭吉の創設した「慶應義塾」、あるいは明治の元勲たちを輩出した吉田松陰の「松下村塾」などがその典型である。

欧米からの新たなフレームワークの提示と、それへの順応が、日本という国家と社会が持つアイデンティティーの維持に直結しているという今の状況は、幕末に日本が置かれた状況に近似している。今日ふたたび、あの時のように「私塾」や「寺子屋」という形で（これも正規な教育ではないという意味で、米国からのもぐら叩きには遭いにくい「情報の非対称性」を維持する仕掛けである）若者たちを動員し、「真実」を教えて、明日を創る糧を授けるべきである

米国にもう騙されないための「逆襲」の第四の要となるのが、米国の「奥の院」が十五年余りをかけて日本において張りめぐらせてきた「構造」を知るに至った日本人が、その上で目指すべき目標をしっかりと確認しておくことである。もはや、一国のレベルではなく「構造」と化した米国そのものへ刃を向けることが現実的ではないことは、すでに触れたとおりである。

それでは私たちは今後、何をすべきなのか？

この問いかけに対する解は二つある、と私は考えている。まず一つ目として、日本を守るという意味においては、これまで明らかにしてきた米国の「国家戦略」の基盤となっている「利益確定」のビジネス・モデルに習熟し、それを徹底して遵守することである。しかし、その結果、時には本家本元の米国を突き抜けるまで「熟練」するに至ったとしても、そうした日本の

先で、米国の「奥の院」は新たなビジネス・モデルと新たな「覇権構造」へのヴァージョンアップを検討しているかもしれない。

あるいは、そうやってすでにでき上がった新たなビジネス・モデルを片手に、米国は、旧型のビジネス・モデルをもってようやく追いついてきた日本を待ち構えているのかもしれない。その意味で、日米関係をめぐる「真実」を知るに至った私たちとしては、米国の「奥の院」の新たな一手に備えて警戒を怠るわけにはいかない。

「ハーバード大学ロースクールに留学してみたものの、外国人留学生が教わっているのは、米国で二十年前に出されたM&Aをめぐる判例だけだ」という私の後輩の声を、今一度思い出していただきたい。決して現状に安住しないという心持ちは、大変な心労となるものであるが、それが「現実」である以上は仕方がない。

これ以上米国に取られず、不必要に「利益確定」されないためには、それしか方法はない。さもないと、米国の「奥の院」が密かに仕込んだ「新たなビジネス・モデル（注――実際には、その段階ですでに旧型であり、最新ヴァージョンのビジネス・モデルではない）」を真顔で「日本のためだ」と喧伝する、ヒューマン・インテリジェンス・ネットワークの一員である日本人たちが撒き散らす言論に圧倒されてしまうこととなる。

こういったことを踏まえながら、冷戦構造崩壊後の米国外交の動きを見ていると、表面的な主張はともかく、その背後には「資源」確保という命題があることに気づく。イラク（原油）、北朝鮮（鉱物資源）といった「問題地域」には、いずれも莫大な資源が眠っている。また、最近の米中間の急速な接近の背景にも、台湾問題をめぐる表面的な緊張関係とは裏腹に、エネルギー問題をめぐって不思議なほどの友好関係を取り結んでいることに気づく（米中防衛当局間で、エネルギー問題に関する対話の枠組みをつくるほどの緊密さである）。

他方で日本は、九〇年代前半から改めて吹聴されたマジック・ワードである「構造改革」に踊らされ、実物経済とは必ずしも合致しない、いわば「紙切れ一枚」で莫大なカネが動く「金融資本主義」のルールに翻弄され始めたばかりである。しかし、米国はといえば、さらにその先に進んでいる。米国は金融資本主義を突き抜け、さらに経済の大本ともいえる「資源」の確保に奔走しているのである。

この差はきわめて大きく、また決定的なものだ。なぜなら、金融資本主義（カネの世界）も、ある段階に到達すると、そこから先では、歴史の中でいったん卒業したはずの実物経済（モノの世界）へと根拠を求めざるをえないからだ。「株が下がれば商品は上がる」と、米国投資家の大立者ジム・ロジャースが語るほど単純な構造であるかどうかは別としても、モノが売られなければ経済が成り立たないということは誰しもがうなずける道理である。そして、ようやく立ち直りかけている日本経済の大本となる「原料」＝「資源」を、米国が先回りしてすでに握っている構造が完成することがどれほどの意味を持つかはおのずから明らかだろう。

もっとも、「奥の院」の次の一手を警戒し、ディフェンシブになっているだけでは「逆襲」にはならない。米国が「二十年前の経験」に基づき、日本へ「構造改革」という名前の金融資本主義のルールを植えつけ、「利益確定」をしているのであれば、むしろそれを徹底して習熟することによって、実は日本がオフェンシブ（攻撃的）になるきっかけがつかめると私は考えている。——時計の針が日本よりも遅れているところを探し、米国が「国家戦略」として展開し、また展開しつつある「ビジネス・モデル」を今度は日本がそこに適用し、「利益確定」のシステムを植えつければよいのである。

端的に言うと、日本にとってそうした「応用戦」の第一のターゲットは隣りの大国・中国である。共産党体制下で、かつての日本以上に外部からは「情報の非対称性」が温存された国家構造。広大な土地を背景に、深く検討されることなく土地担保金融が展開された結果、加速度的に集積している不良債権。経常収支黒字が増加し、「元」の切り上げを諸外国から事実上強要されている状況。——これらを見て、日本がいつか来た道であることを気づかずにいられようか。

「カネは天下の回りもの」と諺にいうとおり、米国によってつくられた「日本の失われた十年」の仕組みを知った方々は、今度は応用問題を解くつもりで中国に仕掛けてみればよい。

と株式相場の関係

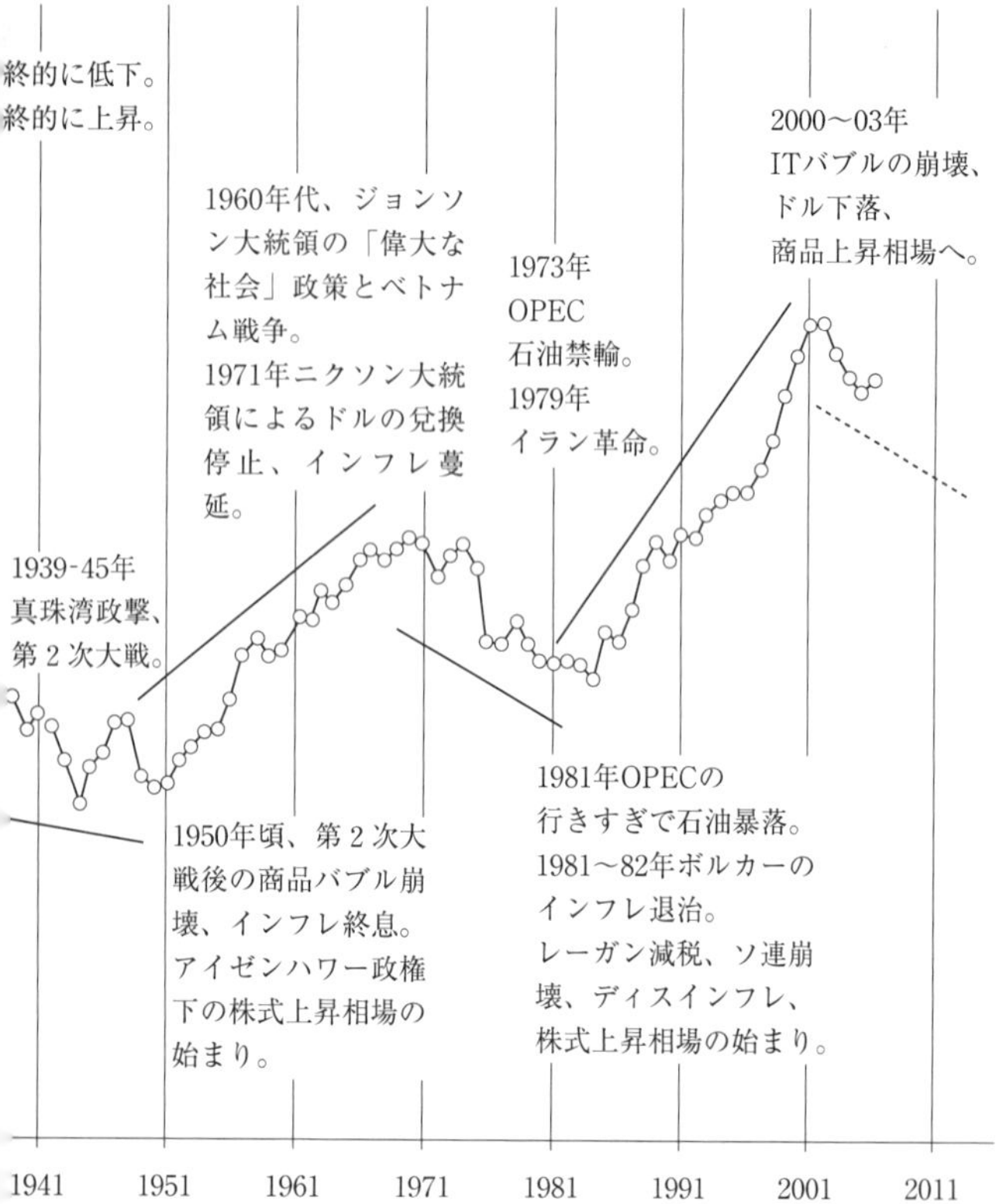

は、コウルズ委員会のアメリカ株式市場コンポジットデータとS&P 500の
調査〈農作物、食料品、皮革類、繊維製品、燃料、金属・金属製品、建設
を算出〉。1891～1913年は労働統計局およびその他機関の卸売物価指数。

出典：ジム・ロジャース『大投資家ジム・ロジャースが語る商品の時代』林康史他訳、日本経済新聞社

アメリカの商品相場

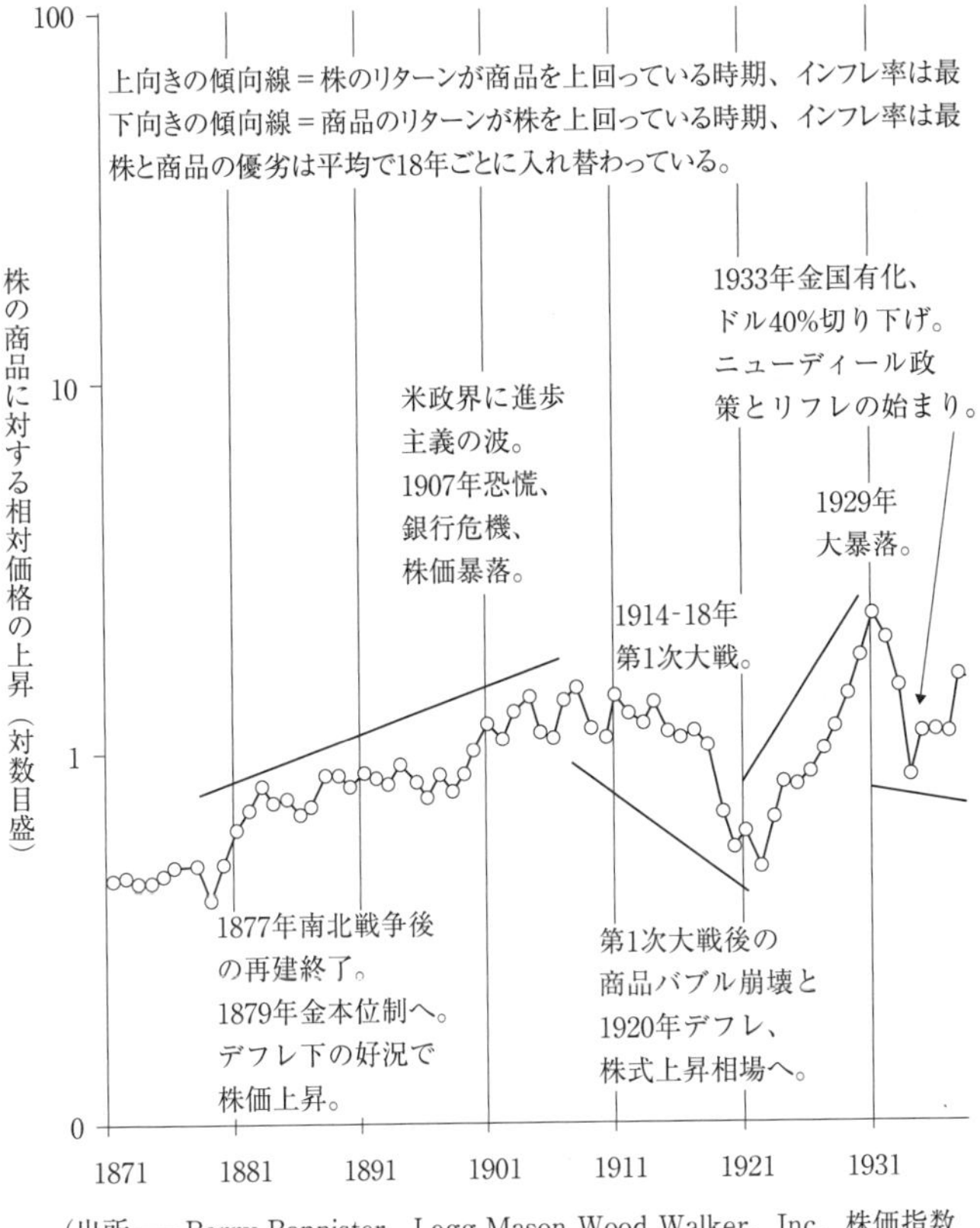

（出所――Barry Bannister，Legg Mason Wood Walker，Inc. 株価指数年平均価格を合成。商品価格のうち、1793～1890年はワレンとピアソンの資材、化学品・薬品、住宅調度品、酒類、その他の商品を対象に平均価格1914年以降は生産者物価指数〈PPI〉。）

4大国有商業銀行の不良債権

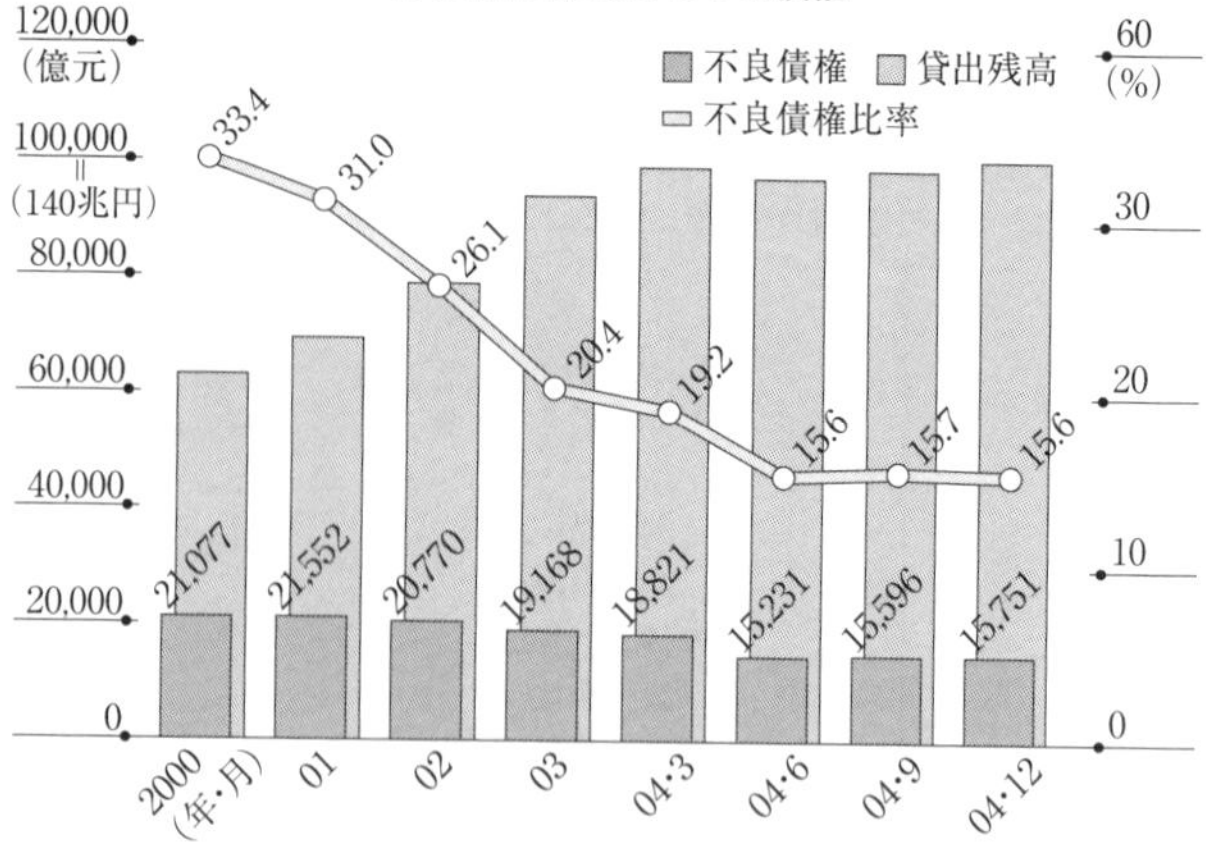

(出所 ――「財経」誌、中国銀行業監督管理委員会〈銀監会〉)

出典:「週刊ダイヤモンド」2005年7月30日号

もちろん、米国流の「ミニ国家戦略」を中国に対して適用することについては、「そもそもそんなことは可能なのか」という疑問と共に、「日本はふたたび侵略主義へ戻るのか」という「反発」が出てくるに違いない。だが、ここまでお読みいただいた読者は、そうした「言論」が実は中国、あるいは同じ「ビジネス・モデル」を中国に対して本音では発動させたい第三国からのパブリック・ディプロマシー(対日世論工作)の成果であることに気づくことだろう。

なぜなら、中国はもはや哀れな「眠れる獅子」ではなく、高度に知的武装を施した経済国家だからだ。名だたる米国企業を次々に買収していく企業を抱える国家＝中国ほど、時代が「洗練された帝国主義(武力を用いずに

「知恵」でマーケットを獲得し、国富を自国へ移転させる)」へと移行したことを肌で感じている国はない。中国あるいは台湾といった地図上の「中国系国家」の陰に隠れつつ、血縁として圧倒的な団結力を誇る華僑・華人集団が狙っているのは、むしろ日本であることを忘れてはならない。「過去の問題」についてのけじめは別としても、経済の世界ではもはや「仁義なき戦い」が始まっているのである。そこに過去に対する「感傷」は必要ない。

私の周辺にいるマーケットの住人たちを含め、多くの若い日本人たちが騙され続けた日本の「真実」に気づき、その上でこうした四つの「逆襲」を始めている。それはまだ始まったばかりの動きではあるが、明治維新の志士たちが旧来の構造＝「幕藩体制」から抜け出たところで新たな「構造」をつくり出したように、徐々に地響きが日本の大地に鳴り響き始めつつあるように聞こえる。

後はこうした目覚め、名もない平成の志士たちが日本中へと広がっていくことを、どうやって日本社会全体の「うねり」へとつなげていくかが問題となろう。そうした観点から重要となってくるのが、いわゆる「二〇〇七年問題」と称されている「団塊世代」の第一線からの引退のタイミングだ。

もちろん、二〇〇七年にいっせいに団塊の世代が消えるわけではないのに突如、喧伝され始めたという意味で、この「問題」も他国からのパブリック・ディプロマシーの臭いがないわけではない。しかし、事実として時を経ながら生じるそうした「現象」を、これまでの戦後日本にありがちな世代間の「内ゲバ」にしてしまうのではなく、「人脈・金脈・知恵」の三つをいかにして次の世代、とりわけ「団塊ジュニア世代」へと継承していくかが鍵となる。

これまで述べてきたとおり、冷戦構造下で貯まりに貯まった「貨幣＝通貨」を団塊世代からマーケットに放出させ、それを金融資本主義のルールに則って米国へとトランスファーするのが「奥の院」の意図である。そうした意味で、「団塊世代」から「団塊ジュニア世代」（あるいは逃げることをやめた「スキゾ・キッズ」世代や、カネをめぐる現実を思い知った「バブル」世代もこれに含めてもよいかもしれない）への「人脈・金脈・知恵」の移転は、米国による「利益確定」とは真っ向からぶつかるため、多くの困難が伴うに違いない。

現にそのような方向で動き出している米国からのヒューマン・インテリジェンス・ネットワーク内の日本人たちの動きを巧みに牽制しながら、あえてこの移転を実現すること――これが、現代を生きる日本人が戦後六十年を経過してようやく気づいた「真実」に基づき、互いに手と手を携えながら邁進すべき「逆襲」なのである。それは、結局は「カネ」をめぐるゲームであり、武力ではなく知恵の世界の出来事である。「八紘一宇」のねじり鉢巻に竹槍を担ぐことや、カネ余りの経済の中で「逃げるが勝ち」と遊んでいたスキゾ・キッズたちの知っているルールとも違う。

二〇〇六年四月の改正商法の施行に伴い、これまで日本の「屋台骨」となってきた大企業が次々と買収・合併される瞬間が静かに迫っている今、もはや新たな「戦い」は始まっている。紙幅の都合上、詳述することはできなかったが、「貨幣＝資本」を吸い取られた日本にかろうじて残った「土地」と「ヒト」についても、「西武王国」の崩壊に象徴される大規模な「不動産流動化」、そして教育現場への「資本の論理（会計基準の明確化）」の進入という面を持つ「学校法人改革」といったように、米国に明らかに有利な形で、既存の「構造」の維持が着実に進められているのだ。

守るのか、あるいは他から「取る」のか、さもなければ、これ以上「取られる」のを甘んじて我慢するのか――この本を手にした一人ひとりの日本人が、認識すべき本当の「構造」への創造的な「逆襲」へと向かうことを望んでやまない。

「壊す時代」は終わった。日本は今や、「創る時代」を迎えたのである。そこで何を創るのかは、戦後の日米関係をめぐる「真実」を知り、米国にもう騙されることはない読者一人ひとりの思想と行動にかかっている。

おわりに

「おわりに」とキーボードを叩きながら、ふと思った。――「この本に書いた話に終わりはない」と。それこそ地球が崩壊し、人類が滅亡するまで、この本に書いてきた「国富」をめぐる収奪の歴史は続いていく。その中で、たとえ米国が覇権（ヘゲモニー）を失うことがあったとしても、別の国がその地位にとって代わるだけの話にすぎない。だから、この話は「ネバーエンディング・ストーリー」なのである。

そして、日本はこのままいくと多分、そのお話の中で太っちょの滑稽な脇役ではあっても、主人公になることはないだろう。「終わらない物語」の中で、舞台の上に時折現れては、道化のように笑われ、蹴飛ばされていく脇役だ。それでもめげない日本には、「名脇役」の称号がとても似合う。

それが嫌なら、どうするか。「終わらない物語」の「おわりに」として、「今も続いているお話をいったん終える」くらいインパクトのあるエピソードを記すことで、「番狂わせ」を起こすしかない。「番狂わせ」とは、台本から外れることだ。「番狂わせ」となった舞台は、俳優たちが実力本意の勝負をくり広げる「万人の万人に対する闘争」の場となる。「名脇役」＝日本にとって、これは最初で最後のチャンスなのかもしれない。

もっとも、この本で明らかにしてきたとおり、米国による日本からの「国富」の移転（トランスファー）という仕組みは、今、総仕上げの時期を迎えている。それだけに米国も慎重に対日政策を展開しているが、それでもなお、「番狂わせ」を起こすことは可能なのだろうか。

――私は十分可能だと考える。それはなぜか。

米国による「仕掛け」にとって、最後のクライマックスとなるのが郵政民営化であることは、日ごろ、実体経済に疎い日本人ではあっても、そろそろさすがに気づき始めている。しかし、なぜこれが「クライマックス」なのかと言われると、「先の総選挙（第四十四回衆議院総選挙）で小泉さんが「郵政改革の断行」を一生懸命連呼していたから」といったくらいの答えしか普通は返ってこない。

竹中平蔵氏が国会審議に登場しては、あの平坦な口調で長々と説明したり、あるいは自称「専門家」たちが次々にテレビ画面に現れ、怒号の議論をくり広げたところで、結局のところ、「郵政」の「民営化」には「賛否両論がある」ということ以上のことは分からない。だからこそ、「まぁ、あの小泉さんが頑張るって言ってるんだから、いいか」となり、選挙では与党大勝利となるわけである。

これまで米国が書いた筋書きどおりに進んできた舞台に「番狂わせ」を生じさせるには、この「無知」を「無知の知」とし、さらに「知の狡猾」へと変えなくてはならない。そのためには、国内的には誰がどう論じようと、結局は百パーセント納得のいく説明ができない「郵政民営化」を、日本を取り巻く諸外国、とりわけ米国の目から見てみることが必要だ。その上で、この本でこれまで何度もくり返してきたとおり、「何か怪しい金儲けを企んでいるんだろう」と「陰謀論」を展開して済ませるのではなく、より現実的かつ具体的にこの「郵政民営化」が持つ意味合いについて突き詰めていくべきなのである。

端的に言おう。米国の投資家から見ると、「郵政民営化」には二つの意味がある。まず、郵政民営化の最大の眼目である「郵貯・簡保マネー＝三五〇兆円」のマーケットへの放出が、実際にはどのように行なわれるのかを考えてみよう。これまで、さまざまな形で大量の郵便貯金や簡易保険を積み立ててきた私たちは、ある朝、郵便局の窓口でこう言われるのだ。

「お客さん、申し訳ありません、本日をもって郵貯・簡保は終了いたしました。利息ともども返金いたしますので、どうぞお受け取りください。」

思いのほかの「臨時収入」で、ちょっと嬉しくなるかもしれない。しかし、しばらくして冷静になってくると、これが一大事であることに気づく。なぜなら、これまでは深く考えないで郵便局に放り込んでおけば安心であったせいもあり、他の投資先などというものについて私たちは考えたことすらなかったからだ。そこで、私たちは「儲けられそうな口」を求めいっせいにさまよい始めることになる。

するとほどなくして「そうだ、株だ！」と気づくのだ。たしかに、株式市場は二〇〇五年後半に入ってからぐんぐんと好況の一途をたどっている（一方、市中銀行はというと、預金金利がすずめの涙のレベルに据え置きされたままで魅力がない）。ここで儲けなければ後がない、とばかりに私たちは我先に株式投資へと殺到することであろう。その脇で、政府や金融機関はもとより、自称「専門家」たちまでもが「やはり、リスクをとらなければ利潤はありませんよ」と大合唱する。

しかし、「株式」の取引というものが、そもそもなぜ成立するのかについて、ここで冷静に考える必要がある。当たり前の話だが、「売り手」がいるから、「買い手」もいるのである。それでは、我先に証券投資に殺到する哀れな私たち＝日本人に、心優しく大量の株式を「売ってくれる」人とは誰なのだろうか。

ここに米国が描いた筋書きにおける最初の妙がある。なぜなら、「そうですか、それは大変ですね。では、ちょっと高いですが、特別に少しだけ割引して、この株を売って差し上げましょう」と笑顔で「売り手」となってくれるのは、先回りして日本株を安価なうちに買い漁《あさ》った（米国）外資系ファンドや投資銀行だからだ。「買うことのできた日本人」はそれでもほっとするだろうし、その後は他の哀れな日本人を相手にさらなる高値で売りつけることで、しばしの間、日本の株式市場は上向きで推移するに違いない。しかし、そんな日本人たちの「内ゲバ」をよそに、(米国)外資系ファンドや投資銀行たちは、いち早く売り抜け、日本を越えて次なる市場に対する集中的な仕込みを始めているのである。

逆に言えば、郵政民営化を通じて、大量の郵貯・簡保マネーを手にさまよう日本人たちが、今から数年後、確実に日本株へと殺到することが、今回の総選挙における「小泉圧勝」によって確定したからこそ、外資系ファンドや投資銀行たちは二〇〇五年後半、いっせいに日本買いを続けたのだ。その結果、株価が堅調に上がり、「景気回復感」も増してきている。

「出口プラン」を考えない投資家は、本当の投資家ではない。反対に優れた投資家たちは、「出口プラン」が見えた瞬間にそのマーケットへと集中的な投資を始める。こうした金融資本主義の「イロハ」を知らない日本人は、(米国)外資系ファンドや投資銀行が立てた「出口プラン」の中で、自らが売り抜けるために利用される都合のよいカモにすぎない。

こうした意味合いとあわせ、忘れてならない点がもう一つある。すでに二〇〇五年秋の段階で、マーケット関係者は「日本のマーケットには資金が異様なほどだぶついている」と言っているくらいであるのに、「消滅」させられた郵貯・簡保マネー＝三五〇兆円が怒濤のごとくそこに流れ込んだらどんなことが起きるだろうか。——「モノ」に対し、「カネ」が相対的に多いという状態、すなわち「インフレ」である。

それでは「モノ」、すなわち「資源・商品」を今、世界で最も精力的にかき集めている国はどこの国だろうか。――米国である。北朝鮮であれ、イラクであれ、米国の「奥の院」が触手を伸ばす国・地域には、大量の資源がいつも眠っている。なぜそうした国・地域を的確にターゲットにすることができるのかといえば、米国が一方では日本をはじめとした他国に対し「金融資本主義」への徹底した転換を求めつつも、他方で自らはそれと交互にやってくる「資源・商品主義」(したがって次の時代は「資源・商品主義」の時代である)においても最も有利な地位を占めようと、いち早く動き始めているからである。

日本はといえば、もちろんそんな鋭利な発想を持つはずもなく、かつて「資源・商品主義」の時代であった一九七〇年代の「石油ショック」の記憶すら失いかけてしまっている。だからこそ、二〇〇五年に入って原油価格が異常に高騰しているのを見ても、「投機的な現象にすぎず、効果は限定的」などと悠然としていられるのである。

先ほど述べたとおり、郵貯・簡保マネーがいっせいに放出される前までは、(米国)外資系ファンドによる日本株買いが進み、放出後には「出口プラン」のカモとして使われた日本人自身による日本株買いが進むことで、景気はしばらくの間、上昇気流に乗ったかのようになるだろう。しかし、こうしてマーケットに注ぎ込まれた大量の郵貯・簡保マネーは、ほどなくしてインフレを巻き起こし、「モノ」の時代を到来させる。こうして「日本発のインフレ」が生じても、「立ち直ったばかりの日本人を守れ」とばかりに、日本は官民あげて札束片手に世界中で「モノ」を買い求めるようになるのである。

すると、どこにいっても「優しい売り手」として立ってくれているのが、米国なのだ。救いを求める日本に対し、米国は言うだろう。

「日本は同盟国です。困った時はお互いさまなわけだから、これ、分けてあげますよ」。

こうして日本は、株式に続いて、「モノ＝資源・商品」まで高値でつかまされることになる。その結果、日本はますます、米国による「国富」の移転を目的とした仕組みの中毒患者となっていく。こうした流れが、経済だけではなく、日本の内政、外交、そして文化といったさまざまな分野においても絶対的な影響を与えないわけがない。そして、日本は永遠に「負け」続ける。

郵政民営化後の日本の近未来につき、そこまで先読みしたとしよう。それでは次に、どうやったらこの筋書きを「番狂わせ」にさせることができるのだろうか。

私は、往年の「名脇役」＝日本による「番狂わせ」を起こすことができるのは、物知り顔でテレビに出てくる政治家たちでも、壊れたラジオのように「改革」としか言わない政府でも、強烈なリストラの中で保身に走らざるをえない役所でも、はたまた結局は自社だけが売り抜けようとする企業でもないと考えている。そうではないとすると、「役者」はもう一人しかいない。――そう、この本の読者を含めた個人としての日本人である。

その理由は簡単だ。米国の「奥の院」による一連の仕掛けの「出口プラン」がうまく作用するために絶対に必要な小道具となるのが、私たち日本人がこれまで郵便局に預けてきた郵貯・簡保マネー＝三五〇兆円だからである。米国の「奥の院」ではあっても、このように所有者がはっきりとしているカネを、日本人から腕ずくで持っていくことは難しい。

そうである以上、この虎の子の資金を生かすも殺すも、日本に生きる私たち日本人の一人ひとりの考えとこれからの行動にかかっているのだ。そして、筋書きどおりの展開を当然期待し、油断してくつろいできた米国の「奥の院」をあたかも先回りするかのような投資行動を日本人たちが突如としてとり始めるならば、実はそれによって米国による「出口プラン」はもろくも崩壊する可能性すらあるのだ。

そうした「番狂わせ」を生じさせるにはまず、個人としての日本人たちが一刻も早く、リスク・マネーの世界（＝「金融資本主義」の世界）に慣れることが必要である。郵貯・簡保が「消滅」するのを待つのではなく、（米国）外資系ファンドが企業買収（M&A）目的で本格的に日本株を買い漁り始める二〇〇六年早々、あるいはその前から積極的に参戦するのである。

当然、そこで失うものも多いだろう。しかし、そこで得た教訓は、少なくとも米国の「出口プラン」における安上がりなカモとされないための基礎体力をつくってくれるものとなるはずである。郵貯・簡保が「消滅」した時にあわてて投資を勉強したところで、そこで得たものが身に付くはずもない。米国による「国富」の移転という構造に対し、まずは証券市場において「全勝」は到底不可能であっても、「連戦連敗」を防ぎ、米国の「奥の院」による意図的な「値の吊り上げ」を見抜く能力まで身に付けるようにまでなるのが目標なのである。

そして、こうして若干なりとも増やした個人資産を、今度は先回りして「商品・資源主義」に合致した金融商品に投資するのである。実はプロの世界でも、「商品先物取引」など、商品あるいは資源の売買の世界について習熟している人物はそれほど大勢いるわけではないと聞く。ましてや個人のレベルでは、「商品・資源」について熟知し、日々の取引を行なっている人はほんのひと握りだろう。

したがって、道のりは厳しいかもしれない。しかし、とにもかくにも、最後はインフレによる「モノ」の時代の到来なのである。まだそれまで十分な時間がある以上、「金融資本主義」に続き、これについて勉強をすることで、米国の「奥の院」すら突き抜ける日本人が一人でも多く生み出されることとなるであろう。

こうして、郵政民営化をカギとした「金融資本主義」と「商品・資源主義」の位相を、米国の「奥の院」からは無垢と思われてきた日本人が予知し、先回りして行動することにより、もはや米国による「国富」の移転のための筋書きは描かれたとおりにはいかなくなる。その結果、米国の「奥の院」はきっと怒るだろう。目覚めた日本人たちを見て、やや驚きの念すら隠せないかもしれない。しかし、彼ら・彼女らが驚いているのはほんの束の間で、この本が出る頃には、早くも次の「対日国家戦略」を立て、これまでやってきたとおり、十年、二十年といったスパンでゆっくりと日本をあらためて太らせ、そこから刈り取るための具体的な手段を講じていくことであろう。一刻たりとも「奥の院」に対する警戒を怠ってはならない。

外務省を退職し、いちばん嬉しかったことは何かと問われれば、いつ終わるとも知れないこうした日々の「戦い」の中、それぞれの持ち場において傷つき倒れそうになることはあっても、私と手と手をとりあって、明日の日本のために考え、具体的に行動している同志たちがいることである。彼ら・彼女らの笑顔を見ると、「まだまだ日本も捨てたものじゃない」と心の底から思う。

本来であれば、そんな同志たち一人ひとりに対し、感謝の念をここで述べたいところではある。しかし、前著『北朝鮮外交の真実』に丁寧な謝辞を書いたところ、好奇心旺盛な関係各方面から多大な関心が寄せられ、そのことによってあやうく「悲劇」すら起きそうになったことをここで告白しておかなければならない。また、「反面教師」でもある米国の「奥の院」の面々からもブーイングの嵐が続いている。したがって、同志たちには、ここでは詳しく謝辞を述べることができないことを、どうかお赦しいただきたい。また、前著の「犠牲」となり、しばらく日本の地に安住できなくなった心の同志には、この場を借りて深くお詫び申し上げる。最後に、いつもながら、悪文と「八艘飛び」の思想で悩ませ続ける私を温かい目で見守り、編集の労をとってくださった湯原法史氏に心からの感謝を記すこととしたい。

本書を、「知の山」のパルチザンとして最後まで戦い続けたカール・シュミットに捧げる。

二〇〇五年師走　東京・国立東にて　原田武夫

ちくま新書
571

騙《だま》すアメリカ　騙《だま》される日本

二〇〇五年一二月一〇日　第一刷発行

著者　原田武夫（はらだ・たけお）

発行者　菊池明郎
発行所　株式会社　筑摩書房
東京都台東区蔵前二-五-三　郵便番号一一一-八七五五
振替〇〇一六〇-八-四一二三
装幀者　間村俊一
印刷・製本　三松堂印刷　株式会社
乱丁・落丁本の場合は、左記宛に御送付下さい。
送料小社負担でお取り替えいたします。
ご注文・お問い合わせも左記へお願いいたします。
〒三三一-八五〇七　さいたま市北区櫛引町二-六〇四
筑摩書房サービスセンター
電話〇四八-六五一-〇〇五三

ISBN4-480-06277-7 C0231